PREFACE

Luc Geiger est un homme très occupé...son cabinet, ses formations en réel ou en ligne, ses recherches, l'occupent bien au delà des 35 heures règlementaires ! Il avait très envie de tirer un livre de son blog sans jamais trouver le temps nécessaire.

J'ai pu suivre plusieurs de ses formations et je connais très bien son blog....j'ai été parmi les premières lectrices .

Lorsqu'il m'a proposé de « mettre en forme » son blog, je n'ai pas hésité.

Je me suis demandé, à postériori, pourquoi j'avais accepté si vite, sans trop analyser la situation. Je n'ai pas du tout réfléchi sur le moment.

Je n'ai pas réalisé que cette collaboration allait me prendre tant de temps, que c'était une vraie nouveauté pour moi avec tout que cela implique d'apprentissage.

En fait, je n'ai pas hésité parce c'était une évidence : Luc Geiger enseigne, écrit, partage des techniques qu'il pratique lui-même au quotidien. Il fait tout ce qu'il dit et le résultat se voit !

Il est une personne profondément en phase avec lui-même. Son épanouissement et son bien-être sont sa meilleure carte de visite. J'ai trouvé l'idée de l'aider à partager, diffuser ce qu'il enseigne, géniale. Participer, même qu'à mon niveau, c'est exaltant !

Le stress m'est familier, comme à chacun d'entre nous. J'ai été infirmière pendant 20 ans et je me suis beaucoup questionnée pendant ma carrière. Dans les hôpitaux, à quelques exceptions près, je n'ai croisé que des personnes stressées, aussi bien parmi les patients que les professionnels. Pour un grand nombre de pathologies, les médecins s'accordent sur le rôle essentiel du stress. Les soignants ont cette certitude depuis longtemps.

On retrouve souvent des événements stressants dans l'histoire des malades. Ce sera cette jeune femme chez qui on découvre un cancer du sein deux ans après la mort de son premier nouveau-né... ou cet homme qui déclenche une maladie auto-immune neurologique 6 mois après avoir survécu à un accident de voiture impressionnant.

Je reste persuadée que le problème est bien plus étendu que cela. Ne sont pris en compte que les événements dont les personnes ont bien voulu parler. Certains traumatismes personnels sont trop douloureux pour être divulgués : une femme maltraitée par son mari, un inceste vécu des années auparavant, un secret de famille.... Au delà du traumatisme originel, c'est une vie entière passée dans le stress ou la souffrance quand rien n'a pu être entrepris pour réparer.

Mais, il n'est pas nécessaire de vivre un stress intense pour avoir un jour de problème de santé. Les services de cardiologie sont plein de managers ou commerciaux sous pression professionnelle permanente. A cela, se rajoute le contexte si particulier d'une hospitalisation. Une personne hospitalisée vient chercher une solution médicale à un problème de santé plus ou moins grave. Elle arrive avec son histoire de vie et doit gérer le stress de l'hospitalisation : « que va-t-on me faire ? Est-ce que j'ai quelque chose de grave ? Vont-ils arriver à me soigner ?

C'est en écoutant les malades que j'ai pris conscience de l'ampleur de dégats causés par le stress ....et que j'ai pris la mesure de mon impuissance pour les aider : je ne connaissais aucun outil à cette époque. Ce qui m'a le plus frappé, c'est la puissance du stress. Il est physiologique et permet d'avoir une réponse adaptée et rapide à une situation qui met en danger. Il peut être nécessaire à notre survie à de très rares moments de notre vie.

Il s'avère que j'ai rencontré des personnes en état de stress avancé. Homo sapiens, au début de son histoire, devait ressentir la même chose lorsqu'un prédateur affamé de chair humaine lui courrait après. Je suis certaine que vous en connaissez aussi...ou peut-être,vous même voyez trop bien ce dont je parle. Or, nous n'avons plus de prédateur ! Mais le stress est resté...

Il m'a fallu du temps pour y voir clair. Comme beaucoup, je pensais que le stress faisait partie intégrante de la personnalité de chacun. Il est parfois tellement intégré dans le fonctionnement d'une qu'il paraît naturel, comme ayant toujours été présent.

Ce n'est que du déni et une mauvaise connaissance de soi. Etre stressé n'est pas un trait de personnalité, c'est juste un problème ! J'ai passé ma carrière d'infirmière en réanimation et aux urgences et je ne comprenais pas que 99% de mes collègues étaient en état de stress avancé. Je faisais, évidemment, partie des 99%.

J'étais une infirmière technicienne, accro aux situations d'urgence et de stress. Je trouvais très stimulant de travailler à 100 à l'heure avec des collègues médecins, infirmiers et aide-soignants tout aussi sous pression que moi.

Mais attention ! Dans ce milieu, on ne doit pas montrer ses faiblesses, rien ne doit transparaître. Il est hors de question de se confier à un collègue ou à un médecin : « Tu sais, l'entrée que nous a annoncé le SAMU, ça me fait peur, je me sens stressée à l'idée de gérer tout sans faire d'erreur, j'ai peur de ne pas être à la hauteur » C'est impossible à dire dans un service hospitalier...

Je travaillais souvent avec le même réanimateur, une femme d'une trentaine d'année. Je lui ai un jour demandé comment elle gérait la pression et le stress. En tant que médecin, elle devait rapidement évaluer des situations dans l'urgence et prendre en permanence des décisions vitales pour ses patients.Sa réponse m'a sciée !!! « je suis médecin, je ne me pose pas ce genre de question, j'agis »

Elle prenait déjà un traitement pour un ulcère gastrique et elle avait régulièrement recours à un anxiolytique « pour trouver plus vite le sommeil après une garde agitée »

Même si je ne suis pas de nature angoissée, confrontée quotidiennement au stress, je faisais comme tout le monde, je le subissais ! Mais en toute discrétion...J'étais d'ailleurs réputée pour mon mon calme en toute circonstance. Je me suis rendue compte au fil du temps que je n'avais pas fait le bon calcul. Ce n'est pas parce que je maîtrisais bien l'image que je donnais aux autres que je ne subissais pas insidieusement les effets du stress. Après des douleurs aux dos aussi intenses qu'inexpliquées et une bonne pneumopathie, le message est enfin arrivé à mon cerveau : il faut faire quelque chose !!!! Si j'avais connu à ce moment là les techniques de gestion du stress, je serais certainement resté dans ce service. J'aurais pu être réellement sereine et j'aurais vraiment aimé partager ses techniques avec mes collègues et les patients dont je m'occupais.

Ce n'était pas le cas, j'ai donc choisi une solution plus radicale, j'ai quitté l'hôpital définitivement. Le changement a été rapide, je me suis sentie vraiment mieux. Je n'étais plus tendue comme un arc en permanence. Mon entourage a constaté la différence, j'étais beaucoup plus détendue et moins dans le « speed ». Ce stress m'avait envahi au travail, mais, bien sur, il impactait ma vie personnelle.

Aujourd'hui, je suis aujourd'hui cadre médico-social et, même si le contexte est très différent, le stress est toujours présent mais j'en ai conscience et je fais ce qu'il faut pour le gérer.   La différence est, qu'entre temps, j'ai croisé la route de Luc...

J'ai donc suivi plusieurs de ses formations et j'ai mis en pratique ses outils. Bon, ben, ya pas photo! C'est sympa d'en parler, cela fait plaisir, mais à vivre, c'est génial.... Ne plus sentir le poids du stress sur sa poitrine, se sentir légère, libre, je préfère ! C'est à la portée de chacun de vous, le blog de Luc a été conçu pour vous.

INTRODUCTION

La tendance générale est à la plainte, à l'apitoiement et surtout, au rejet des problèmes sur les autres.

Si je vais mal, que je suis stressé, c'est bien évidemment à cause : (barrer les mentions inutiles....) de mes parents, de mon patron, de mon conjoint, du gouvernement...etc.

La philosophie de Luc Geiger va à contre courant : on oublie les plaintes, on se responsabilise et peu à peu, on reprend en main sa vie.

Je ne vais pas vous mentir, il faut s'y mettre.

Lire ce livre est une bonne idée.

Se lancer dans le projet d'être mieux, de tendre vers ce que l'on est profondément, est une très bonne idée.

Utiliser les outils que Luc vous propose est une excellent idée !

Dans une première partie, j'ai regroupé les articles portant sur les études scientifiques sur le stress, traitant aussi bien des causes que des effets.

La science nous démontre également les bienfaits de techniques non médicamenteuses qui sont autant voire plus efficace que les traitements médicamenteux traditionnellement prescrits.

Vous pourrez ensuite passer à la pratique avec des exercices ou des modes de fonctionnement qui ont un impact immédiat.

Pour finir, des séances de sophro sont détaillées pour vous permettre de pratiquer plus facilement même sans sophrologue sous la main.

Ce livre est conçu pour vous faire passer à l'action....lisez-le mais pas que !

Pratiquez, pratiquez et pratiquez....

« il est impossible de ne pas changer en pratiquant » : Luc Geiger me l'a répété souvent, j'ai eu l'occasion de le constater tout le temps !

Je vous souhaite de tout coeur que ce livre participe à votre mieux être, c'est le leitmotiv de Luc et c'est devenu le mien.

LUC GEIGER
EN QUELQUES CLICS....

Comment je suis passé de grand timide hyper stressé à un formateur libéré du stress, capable de répondre à des interviews télé ?

D'aussi loin que je me souvienne, j'ai toujours aimé faire une différence dans la vie des gens autour de moi.

Je ne connais pas de plus grand bonheur que de voir une personne que j'ai aidé devenir meilleure en quelque chose.

Déjà à la maison, j'aidai mon frère et ma sœur à faire leurs devoirs. J'expliquais aussi à mes amis les cours de mathématiques qui me paraissaient tellement évidents.

A 15 ans j'ai même commencé à enseigner la gymnastique à des enfants plus jeunes que moi.J'appelle cette valeur tellement importante pour moi "l'impact".
L'impact a toujours été et est encore ce qui est le plus important pour moi.
Quand j'apprends quelque chose de nouveau, je m'imagine la plupart du temps en train de l'enseigner à quelqu'un.

Quand je vis une expérience nouvelle ou que je m'amuse, je m'imagine souvent comment je pourrais l'utiliser pour apprendre quelque chose à quelqu'un.

D'aussi loin que je me souvienne cette obsession de l'enseignement a toujours été présente.

Timide, coincé, mal dans ma peau...etc.

Malheureusement, j'étais aussi à ce moment là, très timide et très stressé de la vie. J'étais très susceptible et je prenais mal la moindre réflexion, la moindre remarque. J'étais aussi le plus petit de ma classe, le plus petit de toutes les classes de mon âge, le plus petit de tout le collège, puis de tout le lycée, puis de tout l'UEREPS ou j'ai fait mes études.

J'étais alors hyper complexé par ma taille (1m68), mais aussi par mon physique que je trouvais laid à l'époque.

Je ne pensais pas que je pouvais plaire aux filles et du coup j'invalidais toutes les marques d'attentions positives que je pouvais recevoir à cette époque (et j'en recevais). J'ai retrouvé dernièrement le journal intime que j'écrivais à l'adolescence. J'ai été choqué de voir que 8 filles de mon lycée m'avaient fait des avances en un seul trimestre sans que je m'en sois rendu compte à l'époque.

J'ai écrit mots pour mots leurs paroles de l'époque et quand je lis ces mots, je vois maintenant qu'elles étaient clairement en train de me draguer.

Et je ne l'ai tellement pas vu que j'ai écrit quelques pages plus loin " je ne plais à aucune fille et que je ne trouverai jamais de compagne", incroyable non ?

Un stressé hypersensible

J'étais hyper sensible, j'écrivais des poèmes torturés exprimant mon mal être et mes tourments amoureux, qui me plombent le moral si j'ai le malheur de les relire maintenant... J'avais aussi tout le temps peur qu'on me donne la parole en classe. Car quand cela arrivait, je perdais totalement mes moyens, je me mettais à bafouiller, à rougir avec l'envie de me terrer dans un trou de souris. J'étais aussi tout le temps en colère, je m'énervais pour un rien, j'étais révolté contre tout contre le monde, contre le système, contre ma famille, contre les professeurs, contre la vie. A tel point que certains de mes amis m'appelaient le Stroumph Grognon. J'avais aussi l'impression que mon cerveau tournait trop vite et sans arrêt. Je ne parvenais jamais à me calmer et les seuls moments ou je parvenais à ressentir de la tranquillité étaient quand j'étais plongé dans un roman de science fiction que j'affectionnais particulièrement. Ma vie était tellement insupportable à l'époque que j'ai pensé plusieurs fois à en finir en sautant d'un pont. Jusqu'au jour ou vers l'âge de 15 ans, un livre m'est tombé dans les mains qui a totalement changé le cours de ma vie.

Le chemin initiatique

Ce livre avait pour titre "Triomphez de la timidité".

Ce livre à part son titre ne m'a pas laissé un grand souvenir. Il ne m'a pas vraiment permis de changer ma vie, mais plus important, il a allumé une étoile dans ma nuit émotionnelle. J'ai eu pour la première fois l'impression que j'allais pourvoir m'en sortir. J'ai commencé à entrevoir une petite lueur au bout du tunnel de désespoir de ma vie. Ça a été le début d'un long parcours, d'un long combat de plus de 20 ans pour arriver à me calmer, pour arriver à prendre confiance en moi, pour arriver à être en paix avec moi-même et avec le monde qui m'entoure.

Ce parcours m'a amené à pratiquer plusieurs formes de méditations, à me former à plusieurs thérapies, à suivre des dizaines de séminaires, à lire des centaines de livres, à parcourir des milliers de kilomètres à dépenser des dizaines de milliers d'euros pour tenter d'accéder enfin à mon plein potentiel, à une vie libre et épanouie J'ai ainsi fait régulièrement des progrès, qui me faisaient apparaître aux yeux des moins observateurs comme quelqu'un d'assez sur de lui, et d'assez calme. Pourtant intérieurement et aux yeux de la plupart, je continuais à me sentir stressé, j'étais très souvent en colère, et parfois sans raison. Jusqu'au jour ou un ami qui venait de se former à une nouvelle technique m'a demandé d'être son cobaye. Il me faisait faire des séances de sophrologie.

Je ne connaissais pas du tout à cette époque cette technique et au début, je trouvais ces exercices un peu simplet et peu efficace. Mais pour faire plaisir à mon ami j'en faisais une petite séance tous les jours le matin au réveil et c'est rapidement devenu une habitude. J'aimais bien cela car c'était un moment agréable qui me donnait la sensation de bien commencer ma journée.

J'ai donc continué à pratiquer régulièrement pendant quelques semaines sans y prêter plus attention.

Le stressé se calme

Et un jour, un ami que je connaissais depuis peu lors d'une discussion à propos de la gestion des émotions, m'a dit : " Oui, c'est facile pour toi, tu es toujours calme…"

J'ai du rester quelques secondes avec les yeux ronds et la bouche béante tellement j'ai été surpris par sa remarque. C'était la première fois qu'on m'attribuait cette qualité de calme. Cette personne qui ne m'avait pas connu avant, me voyait comme quelqu'un de pas du tout stressé, de naturellement calme et tranquille.

J'ai été très surpris de ces qualificatifs, puis en y regardant de plus près, j'ai effectivement remarqué que je n'avais pas été stressé, ni énervé, ni bougon depuis un bon moment.

Je ne savais pas trop ce qui avait changé en moi mais j'étais effectivement moins révolté, plus à l'écoute, moins blessé par les remarques   désobligeantes.
La seule chose que j'avais changé dans ma vie à cette époque étaient ces petits exercices que je faisais plus ou moins machinalement chaque matin.
J'ai trouvé génial ce changement à la fois très profond, puisqu'il était visible de l'extérieur, en même temps tellement doux que je ne l'avais même pas remarqué, et enfin tellement efficace qu'il s'était fait naturellement sans avoir à me forcer.

Devenir un spécialiste de l'anti-stress

J'ai donc décidé de me former à cette science de la sophrologie. Puis de fil en aiguille, je me suis aussi formé en PNL (Programmation Neuro Linguistique : Technique de communication ultra-performante et de thérapie basée sur la reprogrammation mentale), en hypnose, en cohérence cardiaque (Technique permettant de rééquilibre l'alternance des deux branches du système nerveux autonome (Parasympathique et sympathique)), en coaching, en communication non-violente, en EFT (Emotionnal Freedom Technique : Technique énergétique basée sur des tapotements sur les points d'acupuncture chinoise), en TIPI (Technique d'intégration des Peurs Inconscientes permettant de libérer les mémoires émotionnelles), en IMO (Intégration par les Mouvements Oculaires permettant principalement de libérer des traumatismes conscients), en EMDR (Eye Movement Desensitization and Reprogramming : Technique proche d'IMO), en pleine conscience, en psychologie positive et d'autres techniques que j'ai synthétisées comme NERTI (Nettoyage Émotionnel Rapide de Traumatismes Inconscients est une synthèse élaborée par Luc Geiger permettant de se libérer rapidement et définitivement de toute hyper réactivité anormale et incontrôlable) pour pouvoir aider des personnes très stressés comme moi à retrouver leur calme, leur sérénité et leur paix intérieure.

Transmission en direct : Cabinet et formations anti-stress

Pour aider ces gens et satisfaire encore plus ma valeur d'impact, j'ai créé mon cabinet de thérapie à Lunel, dans le sud de la France. Les résultats ont été probants pour mes clients, car ils avaient l'air contents.
Ils en ont parlé autour d'eux à leur famille, à leurs amis et rapidement, le bouche à oreille m'a amené une forte clientèle .

Quelques temps après, du fait de cette renommée qui prenait de l'ampleur, j'ai été sollicité comme formateur en sophrologie dans plusieurs écoles.

Les stagiaires que j'ai formé étaient nettement mieux formés à la fin de leur cursus que je ne l'étais moi-même à la fin de ma formation car j'avais intégré dans le déroulé de l'enseignement les principes même de la sophrologie combinés aux techniques les plus avancées d'apprentissage. Du fait du succès de ces formations, l'organisme de formation principal avec lequel je travaillais m'a demandé d'animer d'autres sujets qui me tenaient à cœur comme la cohérence cardiaque puis plus tard, la technique de nettoyage émotionnel que j'avais moi-même synthétisée : NERTI.
La renommée de mes résultats continuant à grandir, j'ai été sollicité comme formateur en gestion du stress dans des grandes entreprises comme EDF, Royal Canin, les magasins U jusqu'au groupe hôtelier ACCOR qui comprends les hôtels Ibis, Novotel, All Seasons, Pullmann, Sofitel, Mgallery, Mercure, Adagio, Formule 1. et d'autres.
I faut savoir que dans le monde de la formation, devenir formateur chez Accor est considéré comme une preuve d'excellence. Faire partie des formateurs de l'Académie Accor vous propulse littéralement dans l'élite des formateurs.

Et j'ai la chance d'être formateur à l'académie Accor dans laquelle j'interviens pratiquement chaque mois depuis plus de 2 ans. De plus, toutes les formations Accor sont évaluées, notées par les stagiaires et classées.

Mon score d'animation de formation plaçait systématiquement les formations que j'animais dans les 10 premières places de ce classement (sur plus de 100 formations) avec un "Net Promoteur Score" de 91,36 % l'année dernière.

Des demandes médiatiques

J'ai aussi été régulièrement sollicité comme expert par les médias par exemple des télévisions comme M6, 7LTV, Direct 8, W9 mais aussi des blogs ou des sommets sur internet (sommet du bien-être, sommet du couple, booster Gala…etc), des radios locales et nationales. Ce qui est aussi très étonnants pour un ex super timide comme moi, c'est que je parviens à rester parfaitement à l'aise dans ces situations dont la seule évocation aurait suffit à me faire paniquer. Je ne raconte pas cela pour me faire mousser, mais tout simplement pour montrer que ce que j'enseigne, ce que je veux vous transmettre a été testé et validé des centaines, voire des milliers de fois.

Les techniques que je propose ont fait leurs preuves et s'appuient sur les découvertes scientifiques les plus en pointe dans le domaine des neurosciences, de la biologie, de la physiologie et de la psychologie.

Un spécialiste du stress stressé !

Du fait de ce succès de plus en plus visible, les demandes se sont rajoutées les unes aux autres et j'ai commencé à souffrir de nouveau du stress du fait des sollicitations toujours plus nombreuses et pressantes, des individuels comme des collectivités.

Un comble d'être un formateur en gestion du stress qui se trouve lui-même en stress du fait de la pertinence de ce qu'il enseigne… Après avoir somatisé assez violemment, j'ai été à la limite du burn-out.

J'ai alors décidé qu'il fallait absolument que je reprenne les choses en main, mais un dilemme impossible se posait alors à moi. Soit je refusais de plus en plus de sollicitations, ce qui voulait dire que je refusais mon aide à des personnes en souffrance qui pouvaient bénéficier de mon expérience et de mon expertise. Cette décision m'était extrêmement douloureuse du fait de la première de mes valeurs : "l'impact" dont je vous ai parlé au départ. Soit j'acceptais les demandes et je m'épuisais au détriment de ma santé ce qui risquait à plus ou moins brève échéance de me conduire à ne plus du tout pouvoir apporter mon aide et allait là aussi à l'encontre de ma valeur d'impact.

J'étais alors totalement coincé entre ces deux alternatives aussi désagréables l'une que l'autre, incapable de prendre la moindre décision.

Ma solution : ce blog antistress et les formations en lignes

Jusqu'au jour ou "Eurêka ! " j'ai reçu une proposition de faire de la formation en ligne. J'y ai enfin vu une solution qui me permettait assez rapidement de dupliquer mon savoir faire à l'infini et d'en faire bénéficier beaucoup plus de monde, à moindre cout et partout dans le monde, sans que cela ne nécessite plus d'énergie de ma part. J'avais donc à la fois ma valeur d'impact qui était plus que satisfaite, et à la fois je pouvais retrouver du temps et de l'énergie pour continuer à me perfectionner et offrir une qualité de service de plus en plus performante, pour avoir encore plus d'impact et apporter encore plus de bonheur et de bien-être. Ce blog est la concrétisation de ce rêve d'offrir au plus grand nombre les résultats de mes années d'errance et d'expérience. Mon but est de vous épargner les dizaines de stages, les milliers de kilomètres, les dizaines de milliers d'euros que j'ai investi et de vous permettre d'accéder au dernier cri de ce qui existe actuellement sur la planète en terme de gestion du stress, de bien-être et d'épanouissement.

Pour cela, je propose des formations en ligne qui sont la synthèse du meilleur des toutes les techniques que j'ai apprises, intégrées, digérées, testées et validées pour vous en faire bénéficier aujourd'hui, de chez vous, à votre rythme pour en obtenir des résultats concrets, rapides, faciles et durables. Je vais vous aider à sortir la tête de l'eau, tant il est vrai que lorsqu'on est submergé par le stress, on a souvent l'impression de se noyer ! Or, quand on se noie dans le stress et qu'on est encore vivant (si vous lisez cela, c'est que vous l'êtes encore !), il suffit souvent de quelques centimètres pour avoir de nouveau pied. Et dès qu'on a pied, il est beaucoup plus simple de se reposer et de se calmer.

Le but de ce blog ne sera donc pas de faire disparaître 100 % de votre stress, ce qui serait une promesse irréalisable .

En tout cas, pas tout de suite…

Par contre nous allons explorer plusieurs pistes pour pouvoir gagner ces quelques centimètres voire dizaines de centimètres anti-stress qui vont vous permettre de vous sentir parfaitement tranquille et en sécurité.

Sans lui, je ne serais peut-être plus là aujourd'hui : Christian Godefroy

Un homme Exceptionnel

Je voudrais dans cet article vous présenter une personne qui m'a énormément influencé, car il m'a fait découvrir des livres, des formations en virtuel et en réel, qui m'ont éclairés tout au long de ma vie, je veux parler du regretté Christian Godefroy. Christian, était un excellent marqueteur, entrepreneur et copywriteur spécialisé dans le développement personnel et l'entrepreneuriat individuel. Une de ses valeurs principales, comme elle l'est pour moi était la valeur d'impact, de différence qu'il pouvait faire dans la vie des gens qu'il pouvait influencer. C'était aussi un homme très simple et pragmatique qui était toujours prêt à se remettre en cause au fur et à mesure de ses expérimentations. Cela lui permettait d'être sans arrêt sur l'avant de la vague des avancées scientifiques et technologiques et de surfer dessus.

La rencontre

J'ai commencé à être en contact avec Christian dans les années 80. Je l'ai alors rencontré dans un salon du livre à Paris où je lui ai acheté un livre qu'il venait d'éditer : le merveilleux ouvrage de Maxwell Maltz, Psycho-cybernétique (qui a été et reste encore un de mes livres de référence).
Il n'a cessé depuis de me proposer ses différents produits au fil des années et je dois dire que j'en ai acheté quelques uns…J'ai ainsi découvert grâce à lui Napoleon Hill, Dale Carnegie, Dan Millman, Robert Collier, Gene Schwartz et bien d'autres.

Une source d'espoir

Ce qui m'a beaucoup aidé au fil des années était sa capacité à me redonner sans arrêt de l'espoir.

Du fait de ma timidité et de ma tendance à être tout le temps stressé et énervé, je n'avais que très peu confiance en moi, et une estime de moi déplorable.
Et à chaque fois que je recevais un courrier de Christian Godefroy, je voyais de nouveau la lumière d'un monde nouveau, plus beau et plus serein dans lequel je serai enfin, calme, sur de moi, en confiance et en réussite.

Certes ces courriers étaient des courriers publicitaires dans lesquels il me vantait les mérites extraordinaires de tel nouveau livre, de telle nouvelle méthode pour réussir ou pour gagner en assurance, de tel séminaire qui allait absolument révolutionner ma vie.

Mais ils étaient tellement pleins d'enthousiasme et de confiance qu'ils me permettaient de maintenir ma flamme allumée.

J'achetai de temps en temps quelque chose, que je parvenais à appliquer tant bien que mal.

CA ne changeait pas radicalement ma vie comme il me l'avait promis mais ça me faisait quand même avancer.

Et au fil du temps, c'est grâce à cet espoir sans cesse renouvelé que j'ai gardé l'envie de m'en sortir et que je n'ai pas abandonné. Il m'a redonné de l'espoir dans les moments de désespoir qui me donnaient envie d'en finir, et je ne suis pas sur que je serais encore en vie s'il n'avait pas été présent dans ma vie.

La naissance d'une vocation

C'est grâce à lui aussi que je me suis plus tard intéressé et que je me suis formé dans les différentes techniques de développement personnel et de thérapies qui m'ont finalement permis de me libérer totalement de mes limitations. J'ai ainsi pu commencer à expérimenter le plaisir de pouvoir pratiquer ces techniques avec mes clients dans le cabinet ou j'exerce comme thérapeute. J'ai ainsi la chance de voir chaque semaine les personnes que j'accompagne s'épanouir, se libérer de leur blocages, et commencer à vivre une vie libre et passionnante.

J'ai aussi le privilège de pouvoir enseigner ces merveilleux outils de changement à des professionnels de la relation d'aide. Sans parler des formations en entreprises, des livres que j'ai écrit et des conférences qui me permettent à mon tour d'aider ceux qui en ont besoin comme j'en avais besoin moi aussi à l'époque.

Opportunité

C'est encore Christian, il y a quelques années qui m'a ouvert les yeux sur les possibilités magnifiques qui s'offraient sur internet d'élargir mon audience, de faire profiter de mon expérience des personnes que je n'aurais pas eu la possibilité d'aider, du fait de mon temps limité, de leur éloignement géographique ou de la limitation de leurs moyens. C'est donc grâce à lui que vous me lisez en ce moment, et que vous avez déjà ou que vous allez bientôt profiter de mon expérience. Christian Godefroy nous a quitté bien trop tôt, et son départ a été un grand choc pour moi. Et en même temps, je me suis rendu compte qu'il n'était pas tout à fait mort car son message, son espoir, sa confiance sont toujours en moi et continue à éclairer ma route, et celle de nombre de mes collègues et amis. C'est cet éclairage que je tâche de transmettre au maximum autour de moi et notamment à vous cher lecteur.

PARTIE 1
Etat des lieux :
le stress, votre
pire ennemi ?

EFFETS DU STRESS SOUS L'OEIL DE LA SCIENCE

J'ai repris dans cette rubrique des articles scientifiques qui m'ont semblé intéressants. La liste n'est pas exhaustive mais cette petite sélection permet de mesurer l'ampleur des dégats....

J'ai préféré ne pas m'appesantir sur la toxicité du stress. Vous êtes en train de me lire, c'est donc que vous en avez déjà pris conscience. C'est le premier pas vers votre mieux être, alors, en route !

Gérez votre stress maintenant...
demain, il sera (peut-être) trop tard !

Le stress chronique détruit la santé :

Selon l'Agence Européenne pour la Sécurité et la Santé au Travail, le stress serait le facteur n°1 responsable des baisses de performances, des problèmes de sommeil, problèmes d'humeur, des fatigues chroniques, des maux de tête, des ulcères à l'estomac, des anxiété, des dépressions, des suicides, des maux de dos, des problèmes digestifs, des déficits immunitaires, des maladies auto immunes, des maladies cardiaques, des hyper tension, des ulcères peptidiques et la liste n'est pas exhaustive.

Selon l'Agence Américaine de la Santé 85 % des maladies sont reliées au stress.

Voici les 4 plus grands tueurs qui sont directement alimentés par un stress chronique :

N° 1 Dépression, burn-out...

N°2 Maladies cardiovasculaires, infarctus, hypertension..

N° 3 Troubles musculo-squelettiques, maux de dos, de têtes,d'articulations...
N° 4 Diabètes...

Quelques études démontrant la toxicité du stress chronique :

Longévité : Une méta analyse a été conduite par T.C. Russ, chercheur à la clinique écossaise de la maladie d'Alzheimer sur 10 études menées entre 1994 et 2004 portant sur 68 222 personnes âgées, stressées suivies pendant 8 ans.

Elle a démontré que plus le stress est important et plus la longévité baisse.
Sur les 8 années qu'a duré le suivi, la probabilité de décès était augmentée de 135 % pour les plus stressés.

Infarctus : Une autre étude de grande envergure réunissant 13 équipes de chercheurs de 7 pays européens dont la France et portant sur 200 000 hommes et femmes de 43 ans de moyenne et suivis pendant 7 ans a été publiée par The Lancet le 15 Septembre 2012. Cette étude à démontrée un risque d'infarctus augmenté de 23 % en cas de stress chronique, sans distinction de sexe, de mode de vie, de lieu de vie ou de niveau social.

État de santé sur 10 ans : Une autre étude financée par le National Institute on Aging (NIA-NIH) a porté sur 2000 personnes qui ont été interrogées pendant huit jours d'affilée en 1995 pour déterminer leur niveau de stress et dont on a évalué le taux de cortisol dans le sang. Et on a répété la même opération dix ans plus tard, soit en 2005 avec les mêmes personnes.

Les résultats ont montré que plus le taux de cortisol était élevé 10 ans avant, et plus la personne avait des problèmes de santé 10 ans après.

Destruction du cerveau : Une étude menée par Ronald Duman,(professeur de neurobiologie, de psychiatrie et de pharmacologie à l'université de Yale) publiée le 12 Août 2012 dans la revue Nature Medicine a montré que les personnes soumises à un stress chronique perdent du volume de cerveau notamment au niveau du cortex pré-frontal.

Le même phénomène a aussi été remarqué chez les personnes atteintes de dépression. Cette perte de neurones produit des troubles cognitifs et comportementaux perturbant la régulation des émotions et de l'humeur, qui vont aggraver les symptômes de stress et de dépression.

Maladie d'Alzheimer : Une étude du Pr Clive Holmes, Professeur de Psychiatrie Biologique à l'Université de Southampton et publiée le 12 juin 2012 sur le site de l'Université de Southampton démontre un lien étroit entre le stress et la maladie d'Alzheimer.

Le stress coute cher !

Le cout du stress en France est estimé à 3 milliards € / an et en constante augmentation depuis 25 ans 1 travailleur sur 2 se sent stressé, 1 sur 4 de façon invalidante

Etre moins stressé rend plus heureux

L'un des meilleurs indicateurs de bonheur et de bien-être est l'absence de stress ou la capacité à s'en extraire régulièrement. Pour profiter de sa vie, il faut être en capacité de récupérer entre les facteurs de stress. En apprenant à gérer votre stress, vous aller apprendre à diminuer de façon importante la probabilité de subir ces désagréments et de contracter ces différentes maladies. Vous allez vous rendre la vie plus légère, plus libre, plus facile et bien plus heureuse ! Vous allez rajouter des années à votre vie, et ce qui est encore bien plus important, vous allez rajouter de la vie à vos années !

Médicaments anti-stress : les français sont les champions … de la consommation de psychotropes légaux!

L'AFP, LIBERATION, LE PARISIEN et LE MONDE rendent compte d'un rapport parlementaire, qui indique que les Français sont les premiers consommateurs de médicaments psychotropes dans l'UE.

L'AFP indique que selon la députée Maryvonne Briot, rapporteur de ce document, édité par l'Office Parlementaire d'Evaluation des Politiques deSanté, «Un Français sur quatre déclare avoir consommé au moins un médicament psychotrope au cours des 12 derniers mois et un sur trois en a déjà consommé dans sa vie».

Un recours qui selon elle devient «massif» après 60 ans où «la moitié des femmes et un tiers des hommes ont pris au moins un psychotrope au cours des 12 derniers mois».

La députée précise «nos voisins européens recourent nettement moins souvent aux psychotropes pour gérer leur stress : deux fois moins que nous en moyenne», un «écart flagrant avec l'Allemagne, les Pays Bas et le Royaume Uni».

D'après la parlementaire, «80% des ordonnances émanent des médecins généralistes dont la formation continue est insuffisante et est assurée essentiellement par l'industrie pharmaceutique» dont le but «est de vendre des boîtes de médicaments».

Elle souligne que les recommandations sont «mal appliquées» et les durées de prescription «peu respectées».

Pour ces généralistes, prescrire un médicament psychotrope c'est répondre à «un mal être» du patient stressé et «gagner du temps par rapport à une approche basée sur le conseil et la PSYCHOTHERAPIE DE SOUTIEN ».

Soulignant que selon les chercheurs des «ALTERNATIVES» sont à rechercher du côté des PSYCHOTHERAPIES ANTI-STRESS, et que pour les personnes en attente d'une réponse médicamenteuse «l'homéopathie et la phytothérapie représentent indiscutablement une alternative possible».

Le journal rapporte que selon ceux-ci «L'Allemagne qui est le pays qui consomme le moins de psychotropes est aussi celui où la phytothérapie est la mieux remboursée».

Nous sommes 24 % plus stressé qu'il y a 25 ans

Nous sommes beaucoup plus stressés que dans les années 80.

L'étude américaine publiée dans Journal of Applied Social Psychology montre une augmentation du stress ressenti de 18% chez les femmes et de 24% chez les hommes entre 1983 et 2009.

C'est la première étude scientifique, annoncent les auteurs, à disposer de données historiques de mesure du stress comparables dans le temps.

Sheldon Cohen et Denise Janicki-Deverts de l'Université Carnegie Mellon (Pittsburgh) ont étudié quelque 2000 personnes de plus de 18 ans en 1983, 2006 et 2009 au moyen de l'Échelle du Stress perçu (Perceived Stress Scale), développée par Sheldon et ses collègues.

Ils ont ainsi pu mesurer les niveaux de stress au cours du temps en évaluant à quel point une personne perçoit globalement les situations de sa vie comme étant stressantes.

Aujourd'hui, comme il y a 25 ans, les plus stressés sont les femmes et les personnes ayant les plus faibles revenus et niveau d'éducation. Le plus préoccupant reste que les niveaux de stress ont augmenté de 10 à 30% dans toutes les catégories.

Même si le niveau de stress a tendance à baisser avec l'âge.Les personnes de 35 à 55 ans sont les plus touchées par cette augmentation du stress.

Elle sont maintenant presque aussi stressées que les moins de 35 ans.

Par contre les aînés sont les moins touchés.

Peut-être est-ce la sagesse.....

Le stress tue, même le léger stress

Une étude publiée par le British Medical Journal démontre que le niveau de stress augmente le risque de décès même à faible dose.

Il semble donc tout à fait judicieux de chercher à rester le plus zen et le moins stressé possible en toutes circonstances.

La méta analyse conduite par T.C. Russ, chercheur à la clinique écossaise de la maladie d'Alzheimer a porté sur 10 études menées de 1994 à 2004. Elle a étudié 68 222 personnes âgées, stressées suivies pendant 8 ans.

Les personnes âgées ont été classées en 12 groupes en fonction de leur niveau de stress moyen : groupe 1 les moins stressées, groupe 12 les plus stressées.

Puis le taux de mortalité a été noté dans chacun des groupes en comparaison avec une population témoin considérée comme n'ayant pas de souci avec le stress.

Il s'avère que le taux de décès, toutes causes confondues, est directement proportionnel au taux de stress.

Il est augmenté de 135 % pour les personnes les plus exposées au stress.

Mais ce qui est plus étonnant, c'est que même les moins stressés (groupe 1) ont 20 % de chance de décéder en plus par rapport au groupe témoin.

Au cours de cette étude on a dénombré 8365 décès dont 3382 de troubles cardiovasculaires et 2552 de cancers.

N'attendez pas que le stress détruise votre cœur....agissez dès maintenant !

Stress au travail = infarctus : c'est prouvé

Une grande étude publiée par The Lancet le 15 Septembre 2012 montre une augmentation du risque d'accident cardiaque de 23 %, en cas de stress chronique au travail.

Constat :

Jusqu'à présent les différentes études se renvoyaient la balle avec des chiffres discordants qui pouvaient aller d'un risque presque nul à un risque doublé.

Pour avoir enfin un chiffre réellement fiable, un consortium européen nommé IPD-Work a été constitué en 1985.

Il réunit treize groupes de chercheurs de sept pays européens : la Belgique, le Danemark, la Finlande, la France, les Pays-Bas, le Royaume-Uni et la Suisse.

L'échantillon étudié :

Au total, ce n'est pas moins de 200 000 hommes et femmes à part égale, d'une moyenne d'âge de 42,3 ans qui ont été suivis pendant plus de sept années.

En moyenne les personnes concernées par un niveau de stress important représentait 15,3 % de la population étudiée.

Qu'est-ce que le stress au travail ?

Dans cette étude, les chercheurs ont cherché à éviter l'influence de paramètres autres que le stress au travail.

Celui ci a été défini comme une combinaison d'une charge de travail élevée et d'une marge de manœuvre très limitée pour y faire face.

La prise en compte d'autres facteurs tels que le mode de vie, le sexe, l'âge, le lieu de vie ou la classe économique ne modifient pratiquement pas la variations des résultats en terme de pourcentage.

L'évaluation :

Pour évaluer ce niveau de stress, les participants ont rempli des questionnaires permettant d'évaluer avec précision les demandes en termes de charge de travail, de temps pour y répondre, et de contradictions dans les demandes.

Les résultats :

Sur la période d'étude (7 ans) 2 358 infarctus ont été recensé parmi les 200 000 personnes suivies.

Selon le professeur Marcel Goldberg 3,4 % de ces infarctus seraient imputables au stress au travail.

La proportion de risque est donc augmenté de 23 % en moyenne....

En France ce ne serait pas moins de 3 400 à 4 000 infarctus qui sont attribuables au stress au travail.

Les solutions :

Les auteurs suggèrent de renforcer les mesures de prévention du stress au travail.

Ils pensent aussi que cela aura des effets positifs dans d'autres domaines augmentant les facteurs de risques, comme la consommation d'alcool, de tabac et de stupéfiants, sans compter la consommation de psychotropes légaux tels que les anti-dépresseurs et autres anxiolytiques.

Les enfants maltraités auront plus de difficultés à gérer leur stress à l'âge adulte

Les gènes qui facilitent la gestion du stress sont perturbés par la maltraitance subie dans l'enfance.

Le gène récepteur des glucocorticoïdes (NR3C1) est dérégulé chez les personnes ayant subi de la maltraitance enfantine.

Cela perturbe la gestion du stress à l'âge adulte.

Cette dérégulation est souvent associée à des troubles psychopathologiques. C'est la conclusion à laquelle sont arrivés les chercheurs de la Faculté de médecine et des Hôpitaux de Genève dans l'étude qu'ils ont publié dans la revue Translational Psychiatry.

La maltraitance perturbe notre ADN mais c'est réversible…

Le rapport entre les mauvais traitement dans l'enfance et les troubles psychiatriques étaient déjà avérés, mais leur mécanismes pas encore élucidés.

Pour parvenir à comprendre ces perturbations, les chercheurs dirigés par le Pr Alain MALAFOSSE, ont étudié 101 adultes diagnostiqués avec un trouble de la personnalité dit « borderline ».

Ces personnes ont des difficultés importantes pour gérer le stress et les émotions en général.

La recherche sur leur ADN a montré une différence plus importante des modifications épigénétiques (de l'expression du gène) chez les sujets ayant subi de la maltraitance enfantine.

Aucune corrélation n'a pu être mise en évidence par rapport au type de violence. Par contre, plus la maltraitance a été violente et plus la perturbation du gène était importante. Il semblerait aussi que les personnes ayant vécu des traumatismes violents tels que des accidents ou de catastrophes naturelles, puissent avoir les mêmes modifications, précise Nader PERROUD, chef de clinique à Genève et co-auteur de cette étude.

Heureusement, les effets seraient réversibles.

Plusieurs études dont celle de Towia LIBERMANN, parue en 2008, ont montré que la pratique de la méditation, de la sophrologie et autres techniques anti-stress corrige l'expression de l'ADN.

Ces techniques permettent des modifications épigénétiques responsables de la gestion du stress.

Le stress se transmet sur plusieurs générations

On savait déjà que l'excès chronique de stress durant l'adolescence et le début de l'âge adulte produisait des effets destructeurs à long terme et favorisait les troubles psychiatriques. Mais l'effet potentiel du stress sur les générations futures n'avait jamais été testé. Une étude publiée par Larry A. Feig et Lorenna Saavedra-Rodriguez (département de Biochimie de l'Ecole de Médecine Universitaire de Boston, Massachussets) a été faite sur des souris qui ont été exposes à un stress chronique durant leur développement.

Le stress se transmet aux femelles par les mâles

Les chercheurs ont séparé les souris en deux groupes. Sur un groupe, ils ont étudié les effets à long terme du stress sur leur comportement social et leur niveau d'anxiété.

L'autre groupe a été encouragé à se reproduire sur 3 générations pour étudier si les modifications comportementales se transmettaient dans la descendance.

Les femelles supportent plus le poids de l'hérédité du stress que les mâles :

Le résultat montre que les descendantes femelles sont très perturbées dans leur comportement alors que les mâles ne semblent pas ou peu affectés.

Elles souffrent, comme leurs ascendants, d'anxiété et de dérèglements sociaux jusqu'à 3 générations.

Par contre, seuls les pères stressés transmettent ces caractéristiques dans les générations 2 et 3 !

Il semblerait donc que la tendance au stress ou aux désordre psychiatrique soient dus non seulement à l'héritage purement génétique et au vécu émotionnel propre à chacun, mais aussi au vécu émotionnel des pères quand ils étaient eux-mêmes jeunes.

Votre stress d'aujourd'hui détermine votre santé dans 10 ans

Peu importe ce qui vous arrive aujourd'hui, la grande différence se situe dans votre niveau de stress face aux événements extérieurs. La façon dont les événements de votre vie quotidienne vous impactent aujourd'hui est déterminante pour prédire votre santé dans 10 ans. Une étude(réalisée par la Penn State et parue dans le numéro d'octobre d'Annals of Behavioral Medicine) sur 2000 participants démontre le lien étroit entre le niveau de stress des participants au début de l'étude et leur niveau de santé 10 ans après.

Votre stress d'aujourd'hui détermine votre santé pour le reste de votre vie.

Cette étude financée par le National Institute on Aging (NIA-NIH) s'est déroulée de la façon suivante : 2000 personnes ont été interrogées pendant huit jours d'affilée en 1995. Les questionnaires portaient sur l'emploi du temps, les disputes et conflits éventuels, les événements stressants qu'ils avaient subis dans la journée, leurs niveaux d'énergie, leur humeur, leurs symptômes physiques et leur productivité au travail, en restant focalisé uniquement sur les dernières 24 heures. En même temps, leur taux de cortisol (l'hormone du stress) était mesuré chaque 2 jours.

Ainsi les chercheurs ont pu établir un profil psychologique de chacun des participants par rapport au stress.

Dix ans plus tard, soit en 2005, le même protocole a été répété avec les mêmes personnes.

Conclusion anti-stress :

Ils ont ainsi pu constater que les personnes qui avaient les marqueurs de stress les plus importants en 1995 étaient aussi celles qui avaient le plus de problèmes de santé en 2005.

Ils étaient principalement sujet à des problèmes de santé chronique, à des douleurs comme l'arthrite, et à des problèmes cardio-vasculaires. L'étude a aussi montré que les personnes les plus susceptibles d'être impactées par le stress étaient les plus jeunes, celles qui avaient le plus haut niveau d'études et les meilleures capacités cognitives.

En conclusion, cette étude nous démontre encore une fois que gérer son stress au quotidien doit être une priorité si nous voulons préserver notre santé à long terme.

Un stress chronique dissout le cerveau

Les personnes soumises à un stress chronique perdent du volume de cerveau notamment au niveau du cortex pré-frontal.

Le stress « mange » le cerveau

Le même phénomène a aussi été remarqué chez les personnes atteintes de dépression.

Une étude menée par Ronald Duman,(professeur de neurobiologie, de psychiatrie et de pharmacologie à l'université de Yale) publiée le 12 Août dernier dans la revue Nature Medicine a cherché à comprendre ce qui produisait cette perte neuronale.

Plus de stress = moins de cerveau !

Les troubles cognitifs et comportementaux des grands stressés et des grands dépressifs sont liés à une perte de neurones dans la région du cerveau appelée le cortex pré-frontal.

Cette zone est, entre autre, responsable de la régulation des émotions et de l'humeur.

C'est pourquoi sa détérioration aggrave les symptômes de stress et de dépression.

Le stress empêche le fonctionnement des synapses

Comment expliquer ce phénomène ?

Pour comprendre le phénomène physiologique responsable de cette perte de matière du cerveau, les chercheurs ont analysé des tissus cérébraux de patients stressés et d'autres pas ou peu stressés.

Sur ces tissus, ils ont testé la densité et l'activation ou la désactivation des gènes.

Ils ont alors pu remarquer une désactivation de l'expression de 5 gènes nécessaires au bon fonctionnement des synapses.

(Les synapses sont les points de contacts qui permettent de transmettre les influx nerveux entre les neurones.).

La régulation de ces 5 gènes semble être sous le contrôle d'un facteur de transcription unique appelé GATA1.

(Le facteur de transcription est responsable de l'utilisation ou pas des parties de gènes dont il s'occupe, on l'appelle aussi interrupteur génétique.)

Le coupable : l'interrupteur neuronal GATA1 !

Si on active artificiellement ce fameux GATA1 chez les animaux, cela provoque un syndrome dépressif et une augmentation de la sensibilité au stress.

Cela suggère que GATA1 est à la fois capable de produire l'état dépressif et d'inhiber le fonctionnement des synapses.L'interrupteur neuronale GATA1 augmente la sensibilité au stress !

Pourquoi cela fait-il « fondre » le cerveau ?

Le dysfonctionnement des synapses permet d'expliquer la fonte neuronale. Les neurones se renforcent et se multiplient surtout quand ils sont sollicités.

La baisse, voire la disparition de la stimulation au niveau de synapses va donc provoquer l'amoindrissement, la détérioration puis l'élimination des neurones concernés, d'où la perte de la masse cérébrale.

C'est un peu le même phénomène que le muscle qui grossit quand on le sollicite en pratiquant du sport et qui fond lorsqu'on arrête la pratique. Comment empêcher notre cerveau de se dissoudre ?

Or il existe des exercices dont on sait qu'ils sollicitent et activent spécifiquement le cortex pré-frontal en question.

Ce sont tous les exercices de sophrologie, de méditation, de pleine conscience et autres disciplines de la même famille.

Cela permet d'expliquer leur efficacité pour traiter le stress et la dépression.

Pour garder ou reconstruire vos neurones, pratiquez la sophrologie !

Une source de stress peu reconnue : le manque de sommeil

Une étude parue dans la revue « Sleep » démontre que le manque de sommeil a le même impact sur notre système immunitaire qu'un stress intense.

Katrin Ackermann de l'Université Eramus (Rotterdam,Pays-Bas) en collaboration avec l'Université de Surrey (Royaume-Uni) a remarqué que le nombre de globules blancs était nettement diminué par le manque de sommeil.

Pour observer cela, elle a analysé le sang de 15 volontaires en bonne santé de 24 ans de moyenne.

L'une des mesures a été faite après une bonne nuit de sommeil. L'autre mesure a été faite après une nuit blanche.

Dans le deuxième cas les analyses montrent une nette déprime immunitaire.

Le manque de sommeil stresse notre organisme

D'après les chercheurs, cela s'expliquerait par une perturbation de l'horloge biologique.

Cette perturbation empêcherait la production normale de ces globules blancs pendant la phase de sommeil et l'alternance nuit/jour.L'organisme serait alors privé d'une partie de ces défenses immunitaires, comme lors d'un stress majeur ou chronique.

Voilà une hypothèse qui permettrait d'expliquer pourquoi le manque de sommeil est un facteur aggravant pour de nombreuses maladies dont notamment, le diabète, l'obésité, les maladies cardio-vasculaires…etc.

Le stress impliqué dans la maladie d'Alzheimer

Une étude publiée le 12 juin 2012 sur le site de l'Université de Southampton démontre un lien étroit entre le stress et la maladie d'Alzheimer.

Le Pr Clive Holmes, Professeur de Psychiatrie Biologique à l'Université de Southampton, est directeur des recherches de cette étude sur le stress. Il annonce : « nous allons chercher à comprendre pourquoi le stress est un facteur aggravant dans le développement de la maladie d'Alzheimer. »

"C'est la première étape pour développer des moyens à la fois psychologiques et à la fois médicamenteux pour combattre cette maladie."

Cette étude qui a déjà commencée va consister à suivre 140 personnes de 50 ans ayant déjà des troubles cognitifs.

Pendant 18 mois, ils seront soumis à des test réguliers de stress et de cognition pour déceler les corrélations éventuelles avec l'apparition effective de la maladie d'Alzheimer.

Normalement 60% des personnes présentant ce type de troubles est susceptible de développer cette démence.

Reste à savoir lesquelles.

L'étude montrera donc l'effet du stress chronique sur l'évolution des capacités cognitives.

Le groupe contrôle sera composé de 70 personnes du même âge n'ayant pas développé de troubles cognitifs.

« Nous étudierons à la fois les impacts physiologiques et les impacts psychologiques du stress. »« Cette étude nous permettra de trouver de nouvelles voies de traitements et de nouvelles manières de prévenir cette maladie » dit Anne Corbet, directrice de la Alzheimer's Society Research.

Stress : perdre de l'argent rend sourd

On le savait déjà empiriquement mais maintenant c'est officiel !

Les difficultés financières provoquent un niveau de stress suffisant pour perturber les perceptions des sons et nous conduire à agir de façon inadaptée et irrationnelle.

L'influence des pertes financières sur les capacités d'action et de décision a déjà été largement étudiée. Rony Paz et Offir Laufer, deux neurobiologistes de l'institut Weizmann en Israël ont cherché à étudier comment le stress produit par une perte d'argent perturbe notre sens de l'audition. C'est la première fois que ce type d'étude est réalisé.

Perdre de l'argent réduit la vision et brouille l'écoute ! :-)

Protocole expérimental :

Les sujets sont observés grâce à un IRM fonctionnel pendant qu'ils jouent à des jeux d'argent.

Ils entendent systématiquement une note de musique particulière quand ils gagnent de l'argent et une autre note quand ils en perdent.

Il leur est ensuite demandé de reconnaître et de signaler ces notes de musique lors d'une écoute neutre.

Résultat :

Les participants parviennent assez facilement à reconnaître la note associée au gain.

Par contre la note associée à la perte devient au fur et à mesure de l'expérimentation, de plus en plus difficile à percevoir et à reconnaître.

On savait déjà que le stress réduisait le champ de vision.

Cette étude montre que le stress réduit aussi la finesse de perception des sons.

Le stress du à la perte d'argent nous brouille donc non seulement la vue mais aussi l'ouïe !

Comme les chercheurs observaient grâce un un IRM fonctionnel l'activité du cerveau des participants, ils ont pu noter les différentes zones actives pendant cette expérimentation.

Ils ont ainsi pu remarquer que la partie émotionnelle du cerveau (aussi appelée cerveau limbique) était particulièrement sollicitée durant cette activité, notamment l'amygdale cérébelleuse (à ne pas confondre avec les amygdales de la gorge) qui stocke la charge émotionnelle de l'expérience vécue.

La sophrologie en activant notre cortex frontal, nous aide à gérer notre stress…

Une autre zone importante du cerveau était ensuite activée : le cortex pré-frontal qui est chargé de réguler les émotions et de rétablir la normalité des perceptions.

Les chercheurs ont ainsi pu observer que les participants dont l'activité du cortex cérébral frontal était la plus forte étaient aussi ceux qui étaient le moins perturbés par le stress occasionné par la perte d'argent.

C'est à dire qu'ils reconnaissaient presque aussi facilement la note associée à la perte d'argent que celle associée au gain.

Or c'est justement cette zone du cerveau qui est particulièrement activée et renforcée par les exercices de sophrologie et par les autres techniques de gestion du stress.

En musclant notre cortex pré-frontal, nous ne diminuerons peut-être pas nos problèmes d'argent, mais nous serons en mesure d'en être moins stressé et de les vivre moins difficilement.

Et comme cela améliorera notre vision et notre ouïe, nous serons certainement plus apte à trouver des solutions pertinentes et efficace pour nous en sortir réellement.

Une source de stress méconnue : l'alimentation

Nous avons vu dans d'autres articles à quel point le stress est toxique pour notre organisme.

Notre alimentation serait -elle susceptible de jouer sur notre stress ? Ce nous ingérons modifie-t-il notre état émotionnel ?

Notre stress ou notre bien-être est dans notre assiette

Notre physiologie est réglée pour fonctionner dans des limites très précises. Par exemple notre température doit rester normalement autour de 37 ° C et notre taux de sel aux alentours de 9 g/litres de sang. De la même façon notre état émotionnel va dépendre du taux d'endorphines (les hormones du bien-être) mais aussi du taux d'adrénaline et de cortisol (les hormones du stress) qui circule dans notre corps. Ces hormones sont synthétisées par les corticosurrénales pour les hormones du stress et par l'hypophyse et l'hypothalamus pour les endorphines.

La caféine produit les même effets que le stress

Or, ces hormones sont secrétées en fonction de trois critères :

Le premier et le plus connu est notre état émotionnel.

Le deuxième critère un peu moins connu est dépendant directement des substances que nous faisons circuler dans notre corps.

Le troisième critère souvent ignoré est un critère de bien-être interne du corps.

Notre état émotionnel :

Si nous vivons des émotions agréables, ce sont les endorphines qui sont libérées. Par contre ce sont les hormones du stress qui sont secrétées si nous vivons des émotions désagréables.

Ce que nous ingérons :

Si nous buvons du café, certains sodas ou les boissons énergisantes à la mode, nous faisons circuler dans notre flux sanguin de la caféine. La caféine est une molécule qui est suffisamment similaire à l'adrénaline pour provoquer les mêmes effets : accélération cardio-pulmonaire, élévation de la tension, accroissement de la vigilance…etc. Toutes ces manifestations mettent en alerte notre corps qui réagit comme s'il était en train de vivre un stress.

Manquer d'eau provoque du stress

Le bon fonctionnement du corps :

Quand notre corps est en bonne santé et fonctionne correctement, il secrète naturellement des endorphines.

Un mauvais fonctionnement va envoyer les hormones du stress pour mobiliser les forces du corps.

Cette mobilisation a pour but de modifier ce qui est nécessaire pour retrouver un fonctionnement optimal. On parle par exemple de stress hydrique : quand nous manquons d'eau, cela perturbe notre humeur,nous rend inquiet et nerveux.

Les hormones du stress nous poussent à agir pour aller chercher de l'eau. Le même phénomène se passe à chaque fois que notre corps est en souffrance ou en carence.

Notre ration alimentaire carencée produit du stress

Malheureusement, notre alimentation moderne est de plus en plus pauvre en nutriments essentiels à notre bon fonctionnement.Idéalement nous devrions tous manger des aliments 100 % biologiques et suffisamment variés pour nous apporter tous ce qui nous est nécessaire. Comme cela est difficile voire impossible pour beaucoup d'entre nous, de plus en plus de personnes utilisent des compléments alimentaires. Ces compléments vont apporter sous forme concentrée les éléments nutritifs qui font défauts dans notre alimentation. Par exemple les fameux Oméga 3 tellement nécessaires au bon fonctionnement de notre cerveau sont de moins en moins présents dans nos assiettes. Idem pour la vitamine D dont on sait que l'absence produit dans sa forme grave le rachitisme et dans une forme plus bénigne une fragilité osseuse.

Et je pourrais citer de nombreux autre éléments mais ce n'est pas le but de cet article.

Si le sujet vous intéresse, je vous encourage à lire l'excellent livre de Ray Kurzweil « Serons-nous immortels ? »

LES SOLUTIONS VALIDEES PAR LA SCIENCE

Au delà des démonstrations scientifiques, vous pouvez chaque jour mesurer à quel point une vie stressée peut vous user prématurément et vous empêcher de vous réaliser pleinement.

Je vous propose dans ce blog des moyens simples, efficaces qui vont vous aider à reprendre la main sur votre vie, à ne plus subir mais à être acteur.

J'ai moi-même expérimenté toutes les techniques que je vous propose et je sais qu'elles fonctionnent ! Je vous propose maintenant quelques articles bien plus optimistes que les précédents. Les scientifiques aussi s'attaquent à la lutte contre ce problème majeur...et ça marche !! Ils parviennent à démontrer l'efficacité de la sophrologie ou de la méditation, si vous aviez encore des doutes....

Stress et posture, des résultats stupéfiants

Il est très difficile, voire impossible de différencier stress et posture.

C'est ce que démontre une étude de Amy CUDDY, chercheuse en Psychologie.

Elle démontre en effet l'impact de la posture sur l'image que l'on produit sur les autres mais aussi sur la façon dont on se vit psychologiquement et physiologiquement.

Cela modifie en effet notre niveau de cortisol très rapidement !

Stress et posture : l'attitude puissante diminue le cortisol

Protocole d'étude « Stress et posture »: pour étudier l'influence stress et posture, le protocole suivant a été mis en place : Le niveau de cortisol et le niveau de testostérone des sujets ont été mesurés en prélevant de la salive avant l'exercice.

Il a été demandé de façon aléatoire aux sujets de prendre une posture physique mimant soit une attitude de puissance, soit une attitude d'impuissance sans autre instruction.

Un nouvel échantillon de salive a été prélevé suite à l'exercice et les niveaux de cortisol et de testostérone ont de nouveau été mesurés.

Le taux de cortisol est directement lié au niveau de stress : plus il est élevé plus une personne se sent stressée.

Parallèlement le niveau de testostérone est directement lié au niveau de confiance en soi : plus il est élevé et plus une personne ressent de la confiance en soi.

Prendre une attitude repli augmente le taux de cortisol

Résultats Physiologiques de l'étude « Stress et Posture »

Voici les résultats stupéfiants de l'influence de la posture sur le niveau de stress

Après 2 minutes de posture mimant la puissance :

Testostérone : + 20 %

Cortisol :   − 25 %

Après 2 minutes de posture mimant l'impuissance :

Testostérone : − 10 %

Cortisol :   + 15 %

Résultats psychologiques internes et externes :

Impact sur la psychologie interne de la posture :

78 % du groupe ayant adopté la posture de puissance ont accepté un jeu risqué contre 27 % du groupe ayant adopté la posture d'impuissance. Le sentiment de confiance en soi est plus important dans le premier groupe.

Impact sur la psychologie externe de la posture :

Des observateurs extérieurs s'entretiennent avec les sujets à la sortie de l'expérience « Stress et posture » et les classent en 2 groupes : ceux qu'ils embaucheraient et ceux qu'ils n'embaucheraient pas.

87 % des sujets ayant adopté l'attitude de puissance sont embauchés contre seulement 21 % de ceux qui ont adopté l'attitude impuissante. L'impact de la posture sur la sensation de confiance extérieurement perçue par l'entourage est ainsi démontré.

Redressez-vous pour augmenter votre testostérone et votre confiance en vous !

Conclusion :

Nous avons pratiquement tous la possibilité, à chaque instant, de changer notre posture.

Vous pouvez donc choisir, là, en ce moment, pendant que vous lisez ces lignes de faire baisser ou monter votre taux de cortisol, d'élever ou de limiter votre taux de testostérone pratiquement à volonté.

Vous avez donc le choix de faire s'épanouir la meilleure (ou la pire) version de vous-même tout simplement en modifiant la posture physique de votre corps !

Pourquoi le sport est le meilleur anti-stress ?

Ceci est un article invité de Benjamin du blog Sport et Motivation, où il aide son lectorat à atteindre ses objectifs aussi bien dans le sport que dans leur vie personnelle.

D'après l'OMS, plus de 4 millions de français sont touchés par le stress.4 millions !

Et ce chiffre est en constante augmentation d'années en années. Pourquoi ? Une situation économique qui se dégrade de plus en plus, la peur du licenciement, des problèmes familiaux bref... ce ne sont pas les raisons qui manquent.

De l'anxiété maladive aux petits stress de la vie quotidienne, chaque personne rencontre un jour ou l'autre un moment de stress dans sa vie.

Vous ne pourrez pas y échapper !

Faire du sport le matin fait baisser le stress de la journée

Mais comment le diminuer ?

Comprimés anti-stress, cigarettes, alcool autant de solutions qui nuiront plus à votre santé qu'autre chose.

La solution est pourtant simple : faites du sport !

Pourquoi faire du sport diminue le stress ?

La pratique régulière d'un sport permet dans un premier temps à votre corps de se libérer de ses hormones de stress.

En effet, les endorphines que votre corps produit pendant un effort aident votre organisme et votre cerveau à se sentir reposé à la fin d'un exercice et d'être donc plus détendu.

De plus, d'après une étude dans « Archives of Internal Medicine » parue il y a quelques années, le sport permet d'oxygéner mieux les tissus tout en éliminant tous nos excédents dus à une mauvaise alimentation.

Enfin, une pratique sportive permet également au cerveau de libérer de la dopamine, un neurotransmetteur de plaisir.

Ce dernier est également libéré lorsque vous mangez un morceau de chocolat ou... fumez une cigarette !

Alors autant faire du sport, non ?

Le sport libère des endorphines anti-stress.

Ainsi, le simple fait de courir 15/20 minutes permet d'oublier ses problèmes personnels ou professionnels et ainsi d'évacuer le stress accumulé pendant la journée.

Alors, vous allez sans doute me dire que vous n'avez pas le temps de pratiquer du sport, que le temps n'est pas toujours au rendez-vous etc...

Et pourtant, il existe des solutions très simples pour rester motivé dans la pratique d'un sport au quotidien et atteindre ses objectifs.

Même si ces techniques paraissent très simples, elles sont d'une efficacité incroyable.

Comment rester motivé pour faire du sport ?

Tout d'abord, vous devez écrire noir sur blanc vos objectifs.

Vous souhaitez courir 20 minutes par jour ?

Écrivez-le. Vous souhaitez aller à la piscine plus régulièrement ? Écrivez-le.

Ensuite, vous devez établir un plan, que vous allez suivre à la lettre, étape par étape.

Par exemple, si vous ne vous sentez pas encore capable de courir tous les jours, démarrez le premier mois, par courir 3 fois par semaine.

Puis au fur et à mesure, une fois que vous aurez acquis cette habitude, augmentez les « doses ».

Le sport est un excellent anti-stress

Enfin, cherchez un élément motivateur et récompensez-vous à chaque fin de course.

C'est le seul moyen pour continuer sur la durée et ne pas perdre sa motivation en cours de route.

Voilà, j'espère réellement qu'à travers cet article vous aurez compris tous les bienfaits que le sport peut vous apporter notamment en matière de lutte contre le stress.

Pour ne pas stresser, Souriez … Vraiment ! !
Souriez pour de vrai, cela soulagera votre stress !

« Souris ! et ça ira mieux ! »

Nous avons tous entendu ça, au moins une fois dans une situation difficile.

Y aurait-il un fond de vérité sous cette affirmation ?

Se sentir bien nous fait sourire, mais est-ce que ça marche aussi dans l'autre sens ?

Est-ce que sourire peut nous faire nous sentir mieux ?

Dans une étude parue dans Psychological Science, deux chercheuses en Psychologie (Université du Kansas, Tara Kraft et Sarah Pressman) ont étudié l'impact de différents types de sourires sur la rapidité de récupération suite à un stress passager.

Souriez pour ne pas être stressé

« Les expressions courantes comme « souris, ça ira mieux » suggère que sourire pourrait soulager des moments stressants » nous dit Kraft.

 « Nous avons voulu savoir si cela pouvait se vérifier scientifiquement. »

En général on définit deux sortes de sourire : le faux sourire commercial qui n'utilise que les muscles de la bouche, et le vrai sourire dit de Duchenne (car il a été décrit pour la première fois par G.B Duchenne, neurologue français du 19ème siècle), qui utilise à la fois les muscles de la bouche et des yeux.

Des études ont déjà montré l'impact du sourire de la bouche sur le stress (test du stylo dans la bouche), mais le travail de Kraft et Pressman va plus loin en essayant de voir si la qualité du sourire a une influence pour la lutte contre le stress.

La recherche a concerné 169 participants divisés en trois groupes.

Chaque participant a fait des tests stressants, tout en étant suivi au niveau cardiaque pour observer les réactions physiologiques au stress.

Le premier test consistait à dessiner une étoile avec la main non directrice en regardant dans un miroir.

Dans le deuxième test, les participants étaient invités à mettre la main dans de l'eau glacée.

Le premier groupe devait tenir un bout de bois dans leur bouche de façon à avoir une expression neutre.

Expression neutre forcée

Le deuxième groupe tenait le bout de bois en travers de la bouche, de façon à forcer un sourire de la bouche.

Sourire forcé

Le troisième groupe était chargé de sourire vraiment avec un sourire de Duchenne.

Les résultats ont confirmé, ce que nous savions déjà : que le sourire, même forcé permettait une montée de stress moins importante et une récupération plus rapide après l'épisode stressant.

Mais la différence, vérifiée par des paramètres de tensions et de variation de la fréquence cardiaque, s'est révélée encore plus nette pour les personnes qui faisaient un vrai sourire.

Cela a été confirmé par les témoignages subjectifs des participants.

La démonstration est faite que le sourire permet au corps d'être moins stressé par les agents stressants de l'environnement.

Et plus votre sourire sera vrai, et plus l'effet sera bénéfique !

Il sera d'autant plus vrai que votre corps exprimera lui aussi la joie et le bien-être comme le premier exercice proposé dans mon livre « Les 7 secrets Antistress Instantanés et Gratuits »

Alors souriez à la vie !

Elle vous le rendra !

L'effet placebo fonctionne aussi sans la conscience, idem pour un stress

Souvent décrié et ridiculisé, l'effet placebo, n'a pas fini de nous étonner, même contre un stress.

Nous pensions qu'il fallait que le patient soit profondément convaincu de l'efficacité d'un traitement pour que l'effet placebo soit efficace. C'est pourquoi les tests de médicaments se font en double aveugle avec tant de précaution.

Or il semblerait d'après un article (paru dans Proceedings of the National Academy of Sciences (PNAS) du 10 septembre dernier co-écrit par Karin Jensen, de l'hôpital Massachusetts General et de la Harvard Medical School) sur l'effet placebo qu'il n'en est rien.

Même si vous n'y croyez pas, l'effet placebo marche, même sur le stress

L'effet placebo marche, même quand on sait que c'est bidon !

Même quand le patient sait que ce qu'on lui prescrit n'est que du sucre ou de simples vitamines, son corps se mobilise dans le sens de la guérison.(Note de Mister-no-stress : quand vous êtes stressé, plutôt qu'un anti-depresseur ou un anxiolytique prenez n'importe quoi de plus neutre en pensant que ça vous fait du bien)

Parallèlement l'effet contraire existe aussi appelé effet nocebo.

Cette capacité de notre corps avait déjà été démontrée.

Pire, l'effet placebo marche, même sans le savoir !

Mais les chercheurs sont allés plus loin en essayant de voir si l'effet placebo (ou nocebo) pouvait se déclencher alors que les patients n'ont même pas conscience qu'ils ont fait l'objet d'une suggestion d'amélioration ou de détérioration.

Méthode utilisée :

Pour arriver à ce résultats les chercheurs Karin Jensen et son collègue Jian Kong ont étudié 40 volontaires en bonne santé de 23 ans de moyenne dont 24 femmes et 16 hommes en leur proposant deux expériences.

Première expérience :

Il a été demandé à ces cobayes d'évaluer la sensation de douleur sur une échelle de 0 à 100 pendant qu'on leur appliquait une source de chaleur sur le bras tout en regardant des visages sur un écran. La température de la source de chaleur était constante. Pourtant et, comme on pouvait s'y attendre, les participants ont noté une douleur de 19 quand les visages qu'ils voyaient reflétaient peu de douleur, (effet placebo), et une douleur de 53 quand les visages reflétaient de la douleur (effet nocebo).

Les images stressantes vous stressent même si vous ne le savez pas

Deuxième expérience :

Le même protocole a été réalisé, avec comme seule différence que les visages étaient projetés par flashs tellement rapides qu'il était impossible aux volontaires de percevoir consciemment les visages. Pourtant les cobayes ont noté une douleur de 25 face aux visages sans douleur et 44 face aux visages douloureux.

Les effets placebo et nocebo se sont donc manifestés clairement alors que les patients n'avaient aucune conscience de la teneur émotionnelle des images projetées.

Conclusion

Ted Kaptchuk (directeur du Program in Placebo Studies (PiPS) au Beth Israel Deaconess Medical Center/Harvard Medical School, coauteur de l'article) déclare :

"Ce n'est pas ce que les patients pensent qu'il va se produire, c'est ce que le cerveau non conscient anticipe, malgré l'absence de toute pensée consciente, qui influence le résultat.

Ce mécanisme est automatique, rapide et puissant. Il ne dépend pas des délibérations mentales et du jugement.

Ces découvertes ouvrent une voie entièrement nouvelle vers la compréhension de l'effet placebo et des rituels de la médecine".

Le conseil de Mister-no-stress :

Sélectionnez les informations qui rentrent dans votre cerveau !Sélectionnez ce que vous imaginez !

Cela vous influence, que vous le vouliez ou non, que vous en ayez conscience ou pas.

Lisez, regardez, imaginez des choses inspirantes et positives ! Les exercices que vous trouverez sur ce blog vous y aideront grandement !

Qu'est-ce qui calme le stress et stoppe la dépression des femmes ?

Bouger, même modérément, aiderait les femmes souffrant de dépression à surmonter plus facilement les événements stressants.

Pratiquer une activité physique, même modérée, serait suffisante pour prévenir la rechute vers la dépression des femmes.

C'est ce que démontre une étude publiée en ligne dans « Journal of Abnormal Psychology » de septembre dernier par l'Université de Bâle.

Le sport empêche la rechute en dépression des femmes

Stress et dépression

La dépression est reconnue comme étant la maladie du stress car elle est le symptôme d'un épuisement émotionnel.

Cet épuisement émotionnel est souvent le résultat d'un stress prolongé, ou d'une accumulation répétée de stress chroniques.

Dépression et rechute

On admet maintenant que les personnes qui ont vécu un épisode dépressif ont une hypersensibilité au stress qui les rend plus fragiles face au risque de dépression.

Ainsi, plus de 80 % des personnes qui ont subi une dépression risquent de rechuter.

La dépression est en outre deux fois plus fréquente chez les femmes que chez les hommes.

Le sport régule les émotions, le stress et la dépression des femmes.

L'étude menée par Jutta Marta de la Faculté de Psychologie de l'Université de Bâle a comparé la sensibilité de femmes qui avaient vécu au moins un épisode dépressif et de femmes qui n'avaient jamais souffert de dépression.

Les 81 participantes ont été divisées en deux groupes : un groupe qui a pédalé pendant un quart d'heure et un groupe qui a feuilleté des journaux pendant le même quart d'heure avant de faire les expérimentations.

Ces deux groupes ont été confrontés à deux extraits de films très tristes.

Dans les groupes témoins, le deuxième film a provoqué moins de réactions négatives que le premier, par effet d'accoutumance.

Par contre, les femmes qui avaient subi un épisode dépressif et qui avaient feuilleté le journal exprimaient une aggravation des réactions négatives face au deuxième film.

Leur hypersensibilité au stress négatif est ainsi bien démontrée.

Pour sortir de la dépression des femmes, faites du sport !

Ce qui est intéressant dans cette étude, c'est que les femmes qui avaient subi un épisode dépressif mais qui avait pédalé pendant un quart d'heure avait la même réactivité que le groupe témoin.

Les 15 minutes d'activité physique qu'elles ont pratiquée ont permis de rétablir une sensibilité au stress normale et de limiter le risque de rechute en dépression des femmes.

Cela conforte les recommandations la psychologie positive : l'activité sportive devrait être prescrite sur ordonnance plus souvent aux personnes qui consultent pour des problèmes de stress de dépression.

Et si le stress était bon pour la santé ?

Alors là ça y est vous vous dites, ça y- est, à force de travailler du chapeau, Luc, il a complètement perdu la tête.

On est sur un blog antistress et il nous dit que le stress est bon pour la santé alors que toutes les études, tous les articles du blog démontrent le contraire.

Oui vous avez tout à fait raison… et … moi aussi j'ai raison !

Les preuves

Avant de pousser un peu plus loin mon propos, je voudrais vous faire part d'une étude qui a été faites aux Etats Unis sur 30 000 adultes qui ont été suivi pendant 8 ans.

On a demandé à ces gens d'évaluer le niveau de stress qu'il avaient vécu au cours de l'année précédente.

Et en question subsidiaire, on leur a demandé :"Croyez-vous que le stress soit dangereux pour votre santé ?"

Ensuite pendant huit ans les chercheurs ont compté le nombre de mort.

Alors vous avez raison, les gens qui étaient dans les 10 % les plus stressés ont eut un taux de décès supérieur de 43 % par rapport aux 10 % les moins stressés.

Sauf…   Et là je vous demande d'être attentif…

Sauf … S'ils ne percevaient pas le stress comme nocif !

En fait les gens qui ne percevaient pas le stress comme étant dangereux pour leur santé avaient même la probabilité de décès la plus faible de tout l'échantillon, y compris les moins stressés.

Ce qui veut dire que la croyance que le stress est toxique est encore plus toxique que le stress lui-même !

Comment se fait-il que la croyance de la toxicité du stress soit plus toxique que le stress lui même ?

Tout simplement parce que quand on est stressé, et qu'on sent son coeur battre plus vite et plus fort, sa respiration s'accélérer, la chaleur qui nous monte aux visage, sa sueur monter, nous interprétons ces signaux comme négatifs et dangereux.

Ce qui produit une aggravation du stress lui-même et des effets toxiques réels du stress.

Comment alors ne pas subir les effets toxiques du stress ?

Pour répondre à cette question je voudrais vous parler d'une autre étude qui a été faites sur le stress.

Cette étude a été faites sur des étudiants qui allaient passer un examen qui avait été spécialement conçu pour être très stressant.

Avant cela, les étudiants avaient visionné un documentaire qui expliquait scientifiquement, que l'accélération du coeur et de la respiration étaient des réactions adaptatives du corps qui avaient comme but d'apporter de l'oxygène et du sucre au cerveau et aux muscles pour qu'ils soient plus efficaces et performants.

Que la chaleur et la sueur étaient aussi des réactions normales et positives qui facilitaient l'élimination des déchets dus à l'augmentation d'activité.

Un autre groupe d'étudiants ont passé le même examen très stressant sans avoir vu le documentaire en question.

En passant l'examen, ils ont été stressés, leur coeur et leur respiration se sont accélérées, et leur tension artérielle a augmenté du fait le la contractions des vaisseaux.

Cette hypertension très toxique pour l'organisme est la cause principale des maladies cardiovasculaires induites par le stress chronique.

De l'autre coté les étudiants qui avaient vu le documentaire étaient aussi stressés. Leur coeur et leur respiration étaient aussi accélérées. Mais leurs vaisseaux sanguins sont restés détendus et ils n'ont pas expérimentés d' augmentation de tension sanguine.

En fait leur profil cardio-vasculaire ressemblait beaucoup plus à celui de la joie et du courage.

Ils étaient donc dans un état physiologique bénéfique pour l'organisme et non pas toxique.

On comprends alors mieux que cet état physiologique -toxique ou bénéfique - répété des milliers voire des dizaines de milliers d'heures au cours d'une vie peut faire la différence entre une crise cardiaque à 50 ans ou rester en pleine santé jusqu'à 90 ans.

En résumé

Si vous ne voulez pas subir les effets toxiques du stress et même utiliser le stress à votre avantage, il vous suffit donc d'interpréter toutes les manifestations physiques que vous ressentez comme des réactions normales et naturelles d'adaptation de votre corps à l'effort qui lui est demandé.

Ces réactions ne sont ni plus ni moins que de l'entrainement, que la musculation émotionnelle qui vous rends plus fort, plus performant, plus efficace et améliore votre santé.

On a compris comment
la sophrologie réduit le stress

L'impact de la méditation et du yoga (dont sont tirés la sophrologie) sur la réduction du stress et la réduction des phénomènes inflammatoires est connu depuis longtemps.

Mais on ne savait pas encore quels étaient les mécanismes biologiques qui produisaient ces résultats.

Cette étude de L'UCLA (Los Angeles) menée par Helen Lavretsky, publiée sur Psychoneuroendocrinology, a mis en lumière les 68 gènes dont l'expression est modifiée par la pratique du yoga et de la méditation.

L'étude a été faite sur 45 accompagnants de personnes atteintes de démence. Ces accompagnants sont connus pour être confrontés à des niveaux de stress importants. Ces personnels ont été aléatoirement séparés en deux groupes.

Un groupe a pratiqué une méditation et l'autre groupe a écouté une musique relaxante pendant 12 minutes par jour pendant 8 semaines.

Un groupe témoin de 39 accompagnants complète cette étude.

Des échantillons de sang, permettant de tester les différences d'expressions génomiques, ont été prélevés avant et après les 8 semaines d'expérimentation.

La sophrologie modifie positivement l'expression des gènes anti-stress

Les résultats ont montré que 19 gènes ont été stimulés, notamment ceux qui concernent l'immunoglobuline (première barrière immunitaire de l'organisme). Or celle-ci est normalement inhibée par le stress.

Et 49 gènes ont été inhibés, notamment ceux qui produisent la réponse inflammatoire des cytokines. (Ils sont normalement stimulé par le stress)

En conclusion, cette étude démontre qu'une pratique, courte (12 minutes) mais régulière(chaque jour) suffit à modifier radicalement l'expression des gènes responsables des problèmes physiologiques induits par le stress. C'est donc directement au niveau de l'ADN que les changements interviennent.

Je ne peux donc que vous conseiller de pratiquer tous les exercices proposées sur ce blog dans le programme de 21 jours de séances anti-stress express de sophrologie.

Faites ce cadeau à votre corps et à vous-même !

La méditation fait baisser
l'hormone du stress : le cortisol

Une nouvelle étude du projet Shamatha, de l'Université de Californie, démontre que le fait de se concentrer sur le présent plutôt que de laisser dériver notre mental fait baisser le niveau de cortisol, l'hormone du stress.

Cette capacité à focaliser notre attention sur les expériences du présent est un des aspects de la pleine conscience, lequel peut être amélioré grâce à un entraînement régulier.

La méditation fait baisser le cortisol

Plus de méditation = plus de conscience = moins de cortisol = moins de stress

« C'est la première étude à montrer un lien direct entre la diminution du cortisol et une échelle de la pleine conscience », dit Tonya Jacobs, (chercheur au centre Davis « Conscience et Cerveau » (UC), l'auteure principale de cette étude publiée cette semaine dans le magazine Health Psychology).

De hauts niveaux de cortisol sont associés avec un haut niveau de stress soit physique, soit émotionnel.

A long terme, cette hormone contribue à un grand nombre de dérèglements de notre physiologie.

Ces nouveaux résultats sont les derniers à venir du projet Shamatha, un groupe d'études à long terme sur les effets de l'entraînement de la méditation sur la conscience et sur le corps.

Dirigé par Clifford Saron, (associé avec le centre Davis Conscience et Cerveau), le projet Shamatha a attiré l'attention de nombreux scientifiques mais aussi d'écoles bouddhistes incluant le Dalaï-Lama qui soutient ce projet.

Plus de conscience = moins de stress = moins de cortisol

Dans cette nouvelle étude, un groupe de volontaires ont répondu à des questionnaires pour mesurer différents aspects de leur conscience après une retraite intensive de trois mois de méditation.

Leur niveau de cortisol a aussi été mesuré par des prélèvements de salive.

Pendant leur retraite, les participants ont appris à développer des capacités d'attention, de conscience de la respiration, d'observation des événements mentaux, et de contemplation de la nature de leur conscience.

Les participants ont aussi pratiqués des états mentaux positifs tels que l'amour bienveillant, la compassion, la joie empathique et l'équanimité.

Au niveau individuel, il y avait une corrélation entre le haut niveau de conscience et un bas niveau de cortisol aussi bien avant qu'après la retraite.

De plus, ceux dont le score de conscience a augmenté après la retraite ont montré une diminution de leur niveau de cortisol.

« L'idée que nous puissions entraîner notre esprit à avoir de bonnes habitudes mentales et que celles-ci soient bonnes pour notre santé n'est pas vraiment une nouveauté.

Elle est dans notre culture depuis des milliers d'années » dit Jacobs.

« Et pourtant cette idée commence seulement à être acceptée dans la médecine moderne au fur et à mesure que des preuves scientifiques s'accumulent.

Espérons que des études comme celle-ci y contribueront... »

Plus attentif au présent pour être moins stressé !

D'autres études précédemment publiées par le projet Shamatha ont déjà démontré que la méditation avait des effets positifs sur les perceptions visuelles, la focalisation de l'attention, un mieux-être socio-émotionnel, la récupération mentale et sur l'activité de la télomérase, une enzyme très importante pour la santé à long terme des cellules du corps.

PARTIE 2

JE VOUS AIDE A GERER

MIEUX COMPRENDRE VOTRE ENNEMI INTIME : LE STRESS

Le stress est un phénomène physiologique complexe qui vous impacte à tous les niveaux. Depuis que j'accompagne des personnes stressées en consultation, en formation ou en coaching j'ai beaucoup appris sur les mécanismes du stress. Les apports de la technique NERTI, de la Sophrologie et de la Psychologie Positive sont importants dans l'analyse que je vous propose maintenant.

Nous sommes stressés des « panaris émotionnels »

Stressés, phobiques, colériques, timides......nous sommes tous victimes de nos « panaris émotionnels » !

Il n'est pas normal de réagir violemment ou de se stresser.Cela signe la présence d'un « panaris émotionnel »

Mais qu'est ce qu'un « panaris émotionnel » ?

Le « panaris émotionnel » se manifeste quand nous réagissons de façon disproportionnée à une situation.

Quelques exemples courants :

Perdre ses moyens en public, ou en situation difficile.

Etre stressé de ne pas avoir fait seul le travail de 3 personnes.

S'énerver pour une simple remarque.

Avoir une ou plusieurs phobies.

Faire des attaques de paniques

...etc   Je suis sur que vous avez déjà pensé à une ou deux personnes de votre entourage. Vous aussi ? Non ?

Mais qu'est ce qu'un panaris ?

C'est une infection aiguë du doigt avec parfois du pus sous l'ongle. C'est très, très, très, douloureux ! !

Pourquoi je parle de panaris ?

Parce que quand on n'a pas de panaris, on joue avec les enfants, on serre la main des gens, on fait des activités manuelles en se cognant les doigts un peu partout sans même y faire attention. Il est extrêmement rare de se mettre en colère, de se stresser ou de se mettre à pleurer pour ça.

Et cela continuera tant que nos mains et nos doigts seront en bonne santé.

Par contre, à partir du moment où nous avons ne serait-ce qu'un panaris à un de nos doigts, nous allons hurler ou pleurer ou nous mettre en colère à chaque fois que nous-mêmes ou l'un de nos proches réveillera la douleur. Les mêmes jeux, les mêmes attitudes, les mêmes actions que précédemment vont provoquer des réactions émotionnelles extrêmement violentes de notre part.

Nous reprocherons certainement à notre entourage de ne pas faire suffisamment attention à notre douleur. Nous pourrons même aller jusqu'à les accuser de faire exprès de nous faire mal.

Bien évidemment, ces reproches et ces accusations n'ont rien à voir avec l'attitude de notre entourage qui est vraisemblablement attentif à ne pas nous faire du mal.

Ces réactions sont uniquement dues à la douleur du panaris (ça fait très, très mal) qui d'une part nous use émotionnellement et d'autre part est exacerbée à chaque fois que l'on la sollicite.

Nous sommes alors inutilement stressés.

Alors qu'est-ce qu'un « panaris émotionnel » ?

C'est comme un panaris : c'est très douloureux et la plupart des gens ne le voient pas.Contrairement au panaris, celui qui a un « panaris émotionnel » ne sait pas que c'est un panaris. Il pense que c'est sa personnalité, que c'est dans sa nature. Il croit qu'il est comme ça, car il a toujours plus ou moins réagi de cette façon.

C'est normal : le panaris émotionnel a été infecté la plupart du temps dans notre petite enfance : avant 4-5 ans et parfois même avant notre naissance, en intra-utérin.

Mais quel est le rapport avec le stress, les phobies, la perte des moyens ?

Dans notre vie de tous les jours, à chaque fois que nous réagissons de façon négative ou disproportionnée à une situation qui n'est pas réellement dangereuse ou physiquement souffrante, cela nous montre simplement qu'un de nos « panaris émotionnel » a été touché.

Attention, quand je dis une situation qui ne soit pas réellement dangereuse ni physiquement souffrante, j'englobe sous cette définition 99, % des situations que la grande majorité des habitants des sociétés modernes rencontrent.

Combien de fois cette année vous êtes-vous retrouvé réellement et physiquement en danger ? Pour la plupart d'entre nous c'est entre 0 et 2 fois, sur 365 jours.

Ok, mais comment s'en débarrasser ?

Un travail psychothérapeutique sera souvent nécessaire. Je préconise 3 types de techniques qui donnent des résultats divers et compémentaires

: les techniques que j'appelle de nettoyage émotionnel comme NERTI, TIPI, l'EFT et la TAT, L'IMO et l'EMDR …

Les techniques que j'appelle d'intervention comme la PNL, l'AT, la Gestalt et l'Hypnose …etc.

Les techniques que j'appelle de renforcement de la structure émotionnelle comme la Sophrologie, la Cohérence Cardiaque, le Yoga, le Tai-Chi et le Chi-Kong …

Le nettoyage émotionnel

Le travail de nettoyage va pouvoir se faire avec un travail thérapeutique accompagné par un professionnel de la psychothérapie.

Je recommanderai des outils qui vont directement travailler dans le cerveau émotionnel comme NERTI (Nettoyage Émotionnel Rapide de Traumatisme Inconscient), IMO (Intégration par les Mouvements Oculaires), EFT (Emotionnal Freedom Technique) ou TIPI (Technique d'Intégrations des Peurs Inconscientes).

NERTI est une synthèse de ces différents outils que j'ai crée et construite . Je l'utilise régulièrement à mon cabinet et que je l'enseigne.

Vous pouvez en voir les résultats sur mon blog, filmés par M6 dans cet article « Comment se débarasser d'une phobie en une séance » ?.

Devenez aussi puissant que la grande muraille !

Le renforcement de la structure de la personnalité

Pour le renforcement de la structure, la pratique la plus efficace que je connaisse est la Sophrologie et notamment le travail sur les exercices corporels du premier degré comme ceux proposés à la fin du livre« 21 jours pour ne plus être stressé en 5 minutes de sophrologie anti-stress ».

Alors pratiquez-les le plus régulièrement possible comme de la musculation émotionnelle…

Comment ne pas stresser ?

Et si je vous demandais : « Qu'est-ce qui vous stresse ? »

Voici une partie de ce que vous avez répondu sur le sondage que j'avais lancé sur le blog : votre absence d'emploi, votre emploi, le harcèlement de votre patron, vos enfants, les gens stressés, le changement de région, l'avenir incertain, le passé traumatique, les collègues incompétents, la mort, votre poids en trop, le célibat, la vie commune, l'impossibilité de changer d'environnement, le manque d'argent, l'ex-conjoint, le temps trop pluvieux ou trop sec…etc.

Que peut-on remarquer en parcourant cette liste ?

D'abord qu'elle couvre à peu près tous les domaines de la vie.

Mais surtout, nous pouvons remarquer que toutes ces choses sont à l'extérieur de vous !

Une grande partie de ces choses stressantes sont, soit totalement, soit partiellement en dehors de votre contrôle.

Elle font partie de ce que j'appelle notre zone de contrainte : c'est à dire les choses sur lesquelles nous n'avons strictement aucune influence.

Ce qui est certain, c'est que vous pourrez faire des pieds et des mains, vous pourrez vous lamenter ou vous mettre en colère aussi longtemps et aussi fort que vous voulez !

CA NE CHAN-GE-RA RIEN ! ! ! !

Je répète : CA NE CHAN-GE-RA RIEN ! ! ! !

Autant dire que toute l'énergie et le stress qui est généré par cette zone est totalement perdu.

Alors comment ne pas stresser face à tout ce qui concerne cette zone de contrainte ?

Comment ne pas stresser en fonction de la zone ?

Comme la solution n'est pas vers l'extérieur, il nous reste deux solutions :

Il n'y a pas de solutions : alors autant se tirer une balle tout de suite… NON NON ! Attendez la suite !

La solution est ailleurs qu'à l'extérieur. Elle est à l'intérieur de vous, dans votre façon de réagir à tous ces évènements !

Même si vous résolviez tous ces problèmes, la vie vous en proposerait sans arrêt des nouveaux.

Désolé de vous le dire, mais la vie n'est pas un long fleuve tranquille… Et pour aucun d'entre nous !

Chacun a son lot de problèmes à résoudre.

Alors comment font ceux qui donnent l'impression de ne pas être affectés par tout ce qu'il ne peuvent pas changer ?

Comment font-ils pour ne pas stresser ?

Ils ont mis en place deux stratégies mentales complémentaires :

Le lâcher prise : laisser faire ce qu'ils ne peuvent pas changer.....car je le redis une dernière fois, ils n'y peuvent rien !

Le détournement de l'attention : ils orientent leur pensées, leurs paroles, leurs actions sur ce qui peut être changé, modifié, amélioré… etc.

Plus facile à dire qu'à faire, je vous l'accorde.

C'est là que les exercices antistress comme ceux que je vous propose peuvent vous aider.

Pour commencer, cela va occuper votre cerveau sur quelque chose de calme et d'apaisant.

Ensuite vous allez ainsi générer des émotions positives qui vont vous permettre de voir la vie plus rose.

Enfin parce que la répétition de ces exercices va vous permettre derenforcer votre puissance émotionnelle.

Vous ne serez alors plus malmené par les évènements extérieurs de la zone de contrainte.

Vous saurez les laisser là où ils sont sans en être perturbés.

Lâchez prise sur ce que vous ne pouvez pas changer…

Vous allez me dire : ok pour la zone de contrainte.

Mais comment ne pas stresser pour ce qui concerne la zone d'influence ?

Pour la partie qui est sous votre contrôle, tous les évènements sur lesquels vous pouvez influer (ou la partie de ces évènements sur lesquels vous pouvez changer quelque-chose), l'approche sera sensiblement différente.

En premier lieu et au risque de paraître un peu provocateur, je vous répondrai que, pour ce qui est dans la zone d'influence, une certaine dose de stress sera nécessaire.

Le stress sera souvent un moteur qui vous poussera à l'action. Le désagrément ressenti peut être un très bon aiguillon de votre motivation à faire ce qu'il faut pour changer cette situation difficile.

Pour être sur que vous utilisez bien votre énergie dans cette zone de d'influence, posez vous les questions suivantes :

Qu'est ce que je peux faire qui changerait ma situation ?

Quel est la première étape de cette action ?

Et faites immédiatement cette toute première chose !

Même si elle est toute petite ! ! !

Vous passerez alors, selon une de mes expressions favorites : « du pessimisme de la pensée, à l'optimisme de l'action ! «

Donc si nous résumons comment ne pas stresser ?

Nous pouvons nous répéter cette citation :

Donnez moi :

La force de changer ce qui peut être changé

Le courage d'accepter ce qui ne peut être changé

Et l'intelligence de faire la différence entre les deux

Finalement, je me rends compte avec toutes les personnes que j'accompagne dans mon cabinet et en formation, et qui viennent me demander comment ne pas stresser, qu'il est assez simple de réduire son stress.

Tous ceux qui y sont parvenus sont ceux qui ont arrêtés de se poser des questions et qui ont simplement appliqués ce que je leur ai proposé chaque jour, consciencieusement et opiniâtrement.

Alors cette fois-ci, vous vous y mettez ??

L'enjeu nous stresse

Souvent, ce n'est pas la tâche à accomplir qui nous stresse.

Ce qui nous stresse vraiment, c'est l'enjeu que nous mettons derrière cette tâche.

En effet, la tâche à accomplir, soit nous l'avons déjà réalisée dans le passé, soit nous l'aurons réalisée dans un avenir plus ou moins proche.....mais la sensation que nous jouons notre vie en réussissant ou pas cette tâche va nous stresser.

Prenons un exemple concret.

Imaginons une poutre de 30 cm de large posée sur le sol et d'une longueur de 10 mètres.

Nous sommes tous capable de marcher dessus avec insouciance, voire même de courir dessus.

Mettons cette même poutre à 50 m de hauteur : adieu notre belle insouciance, bonjour le stress !

Pourquoi ?

Tout simplement parce que notre vie est en jeu !

Donc ce qui nous stresse, c'est que nous avons souvent l'impression que si on ne réussit pas, ce sera une telle catastrophe, un tel cataclysme que nous serons totalement anéanti.

Nous grossissons les effets. Nous mettons artificiellement la poutre à 100 mètres de hauteur.

Et quand nous tombons, même si ça fait un peu mal, nous sommes très étonnés d'être encore vivant et de n'être tombé que de 30 cm de hauteur.

Alors, quelle est la solution me direz-vous ?

Il suffit de vraiment évaluer l'enjeu en se posant des questions comme celles-ci : Quel est vraiment l'enjeu ? Au pire que peut-il m'arriver ? Si le pire arrive, que pourrais-je faire ? Est-ce que je suis vraiment en danger de mort ?

Vous pouvez aussi vous demander si vous n'avez pas un « Panaris émotionnel »Pour avancer dans la réflexion, répondez à ces deux questions : Quel est l'enjeu irraisonné qui me stresse ?

Quelle est la question, ou la réponse qui peut me permettre de me rendre compte que ce n'est pas la peine de me stresser autant

Répondez-y dès maintenant, tant que c'est chaud !

Comment devenir un perfectionniste stressé ?

Pourquoi le perfectionnisme a tendance à produire un perfectionniste stressé ?

La définition du stress donnée par l'agence européenne de la santé au travail est la suivante : « Un état de stress survient quand il y a une différence entre la perception qu'une personne a, de la demande qui lui est faite et la perception des moyens qu'elle a pour y répondre ».

De fait, le perfectionniste stressé augmente artificiellement sa perception de la demande.

Le perfectionniste n'est en effet jamais totalement satisfait de sa vie, jamais totalement content de ce qu'il a accompli.

Il met énormément d'énergie à régler des points de détails qui ne seront jamais remarqués, sauf par lui-même....

Le perfectionnisme stresse

C'est pourquoi son niveau de stress est aussi élevé...

De fait, quel que soit ce qu'il entreprend, il se met sur le dos une énorme pression génératrice de stress.

Comme il ne s'arrête jamais, il s'épuise et peut facilement être touché par le burn-out (la dépression soudaine) !

Cet article est ma participation au festival « A la croisée des blogs » du mois organisé par Régis, du blog « Moment présent » avec comme thème « Eloge de l'imperfection », présenté dans son article de présentation.

La perfection n'est pas humaine.

Déjà dans l'Antiquité, les philosophes avaient compris que le simple fait d'être humain était un synonyme d'imperfection.

C'est ce qu'illustre parfaitement la citation latine : « Errare humanum est » : l'erreur est humaine.

Comment ne plus être un perfectionniste stressé ?

Observez ce qui va !

Le perfectionnisme étant principalement orienté vers l'observation de ce qui ne marche pas, de ce qui ne va pas, une bonne façon de l'assouplir sera de chercher à observer ce qui marche déjà bien, ce qui est déjà efficace, ce qui va bien.

Encouragez et validez le positif !

S'émerveiller

Le perfectionniste stressé a aussi tendance à être blasé de tout.Il lui sera donc tout à fait bénéfique de chercher à retrouver un regard neuf, un regard d'enfant sur ce qu'il fait, et sur ce qu'il vit.

Être bienveillant

Pour le perfectionniste stressé, rien n'est assez bien, rien est assez bien fait.Il a donc tendance à être en permanence critique, cassant et dénigrant aussi bien vis-à-vis de lui-même que de son entourage.Un axe de progrès sera donc d'apprendre à être plus gentil, plus bienveillant et plus encourageant pour lui-même et pour les autres.

Plus facile à dire qu'à faire

Évidemment, ces changements d'attitude risquent d'être difficilement supportables, voire impossibles à réaliser si on cherche à trop les forcer d'un seul coup surtout si on est un cas particulièrement ancré de perfectionniste stressé.

La loi des 1 %

Ma proposition est la suivante : choisissez simplement un des thèmes cités ci-dessus.

Posez-vous la question suivante : quelle est la première action que je peux faire maintenant pour modifier de 1 % mon habitude ?Et appliquez simplement cette nouvelle action !

Et recommencez la même chose chaque jour…

Destressez vous avant de faire un burn-out !

Faire des petits pasSi vous ne faisiez que 1 % de progrès aujourd'hui, et 1 % de progrès demain et ainsi de suite de jours en jours, cela ferait 365 % de progrès d'ici la fin de l'année.

Et même si vous ne faisiez que 1 % de progrès par semaine cela ferait quand même 52 % de plus au bout d'un an.

Imaginez ! Si votre revenu avait augmenté de 52 % l'année prochaine, est-ce que cela ferait une différence ?

Cela ferait certainement la même différence dans votre vie si vous étiez 52 % moins esclave de votre tendance de perfectionniste stressé.

Et vous, quelle est l'action qui vous permettrait de gagner 1% aujourd'hui ?

Dépression : les questions toxiques, comment les éviter ?

Tomber en dépression et la maintenir ne dépend pas tant des réponses que nous trouvons, mais plutôt des questions que nous nous posons.

Il y a en effet des questions qui vont avoir tendance à augmenter notre stress et des questions qui vont nous aider à être moins stressé. Or, le stress est le précurseur principal de la dépression.

Cet article prend part à la croisée des blogs organisée par le site développementpersonnel.org. Ce mois-ci, c'est Dominique du blog Choisir le bonheur qui est à la tête de l'édition en proposant le sujet « La dépression» .

Le stress facilite la dépression

Les questions que nous nous posons définissent notre réalité.

Pour illustrer cela, je vous propose une petite expérience à faire maintenant, pendant que vous lisez cet article.

Pour que ce test soit efficace, je vais vous demander d'être très précis dans ce que je vais vous demander et de le réaliser au fur et à mesure des instructions que je vais vous donner.

Première instruction : répondez à cette simple question : « Combien y-a-t-il de choses rouges autour de vous ? »

Prenez 30 secondes pour compter tout ce qui est rouge autour de vous, là où vous êtes en ce moment.

Ne passez à la seconde instruction qu'après avoir fini la première, sinon, l'effet recherché ne pourra pas marcher.

Dépression : Nos questions définissent notre réalité

Vous avez bien compté les choses rouges qui sont autour de vous ? Si non, faites-le avant de continuer à lire.

Deuxième instruction : Fermez les yeux et rappelez-vous mentalement non pas ce qui est rouge, mais tout ce qui est vert autour de vous en ce moment, là ou vous êtes.

Troisième instruction : Ouvrez les yeux et remarquez tout ce qui est vert et que vous n'aviez pas remarqué jusque là.

Si vous avez bien suivi les instructions, vous êtes vraisemblablement étonné de tout ce qui est vert et que vous n'aviez pas remarqué avant la troisième instruction.

Comment cela se fait-il ?

Tout simplement, en vous posant la question : Combien y-a-t-il de choses rouges autour de vous, j'ai défini la réalité que vous perceviez, je l'ai limitée aux choses rouges.

Je vous ai virtuellement rendu aveugle aux autres couleurs. Et non seulement aux autres couleurs mais aussi aux formes (pointues, anguleuses ou rondes...), aux textures (soyeuses, lisses ou dures...), aux odeurs...etc ...etc.

Par ce rapide exercice vous avez pu vous rendre compte qu'en vous posant une simple question :« Combien y a-t-il de choses rouges autour de vous ? »,

vous avez concentré votre attention sur une seule modalité (ici la couleur rouge).

Les autres couleurs et les autres paramètres de votre environnement ont littéralement disparu de votre champ de conscience.C'est cela le pouvoir des questions sur lequel je veux attirer votre attention aujourd'hui !

Changez de questions pour sortir de la dépression

Quel est le rapport avec la dépression ?

Si vous avez vous-même vécu un épisode dépressif, ou si vous avez côtoyé une personne en dépression, essayez de vous rappeler les questions qui tournent en boucle dans leurs cerveaux.

En général, et je pourrais dire en permanence, elles sont orientées sur leurs problèmes, par exemple :

Qu'est-ce qui ne va pas chez moi ?Pourquoi je me sens si mal ?Pourquoi ça m'arrive à moi ?

Qu'est-ce que j'ai fait pour mériter ça ?...etc.

Le problème de ces questions est qu'elles orientent toute l'attention vers le problème (la couleur rouge) et empêchent littéralement de voir les solutions (les autres couleurs dont le vert, les parfums, les textures, les formes...) Les personnes en dépression se répètent en général ces questions plusieurs centaines, voire plusieurs milliers de fois par jour. C'est ce qui entretient ou relance la dépression.

C'est pourquoi je dis de façon un peu provocatrice que la dépression est un travail à temps plein !

Ces questions, en faisant disparaître toutes les solutions de leur champ de conscience, entretiennent donc la dépression.

Comment inverser le processus de la dépression ?

La principale solution que je vous propose aujourd'hui est de changer les questions que l'on se pose.

Au lieu de les orienter sur ce qui ne va pas, nous allons les orienter vers ce qui va bien, ce qui fonctionne !

Focalisez sur ce qui va bien enraye la dépression

La psychologie positive montre depuis maintenant une quinzaine d'années qu'il suffit d'orienter l'attention sur ce qui marche bien en nous, sur nos atouts, sur nos chances pour améliorer très rapidement l'humeur et enrayer puissamment et durablement la spirale de la dépression.

Quel genre de question se poser ?

Parmi les plus simples questions à utiliser, citons :

Qu'est-ce qui va bien en moi ?

Qu'est ce que j'ai la chance d'avoir ?

Qu'est-ce qui se passe bien pour moi ?

En général, la première réponse de la personne en dépression à ces questions est bien évidemment : « Rien ! »

Car leur précédent questionnement les a rendu aveugles à cette partie de la réalité.

Pourtant, si on y réfléchit, on se rend compte qu'il y a des milliers de réponses à ces questions.

Chacun des organes et chacune des cellules de notre corps qui n'est pas malade est en bonne santé !

De la même façon, nous avons à notre disposition suffisamment d'aliments et de boissons, nous avons un toit et des habits.

Nous vivons dans un pays où le degré de liberté est acceptable, nous pouvons circuler, lire et rencontrer qui nous voulons…Et je pourrais continuer comme cela pendant des heures!

Et vous, quelles sont les bénédictions dont vous profitez chaque jour et sur lesquelles vous devriez porter plus d'attention ?

PS : il existe une application gratuite qui permet de partager ces petits moments de bonheur. C'est « Happier », elle est en anglais mais facile à utiliser

Un stress peut en cacher un autre !

Ou comment un petit stress visible nous cache la perception d'un stress beaucoup plus important et long.....

Prenons comme exemple le fait d'avoir un caillou dans une chaussure.

Cela peut occasionner un stress mineur dont on va pouvoir très vite se débarrasser en éliminant la cause : le caillou.

Mais face à un stress chronique, comme par exemple dans les transports en commun bondés, nous avons souvent tendance à ne percevoir que le désagrément passager provoqué par la violation de notre espace personnel.

Un stress peut en cacher un autre

Pourtant un stress instantané reste en trace et perturbe notre organisme.Surtout s'il dure plus de quelques minutes.

Il a en effet généré, outre la production d'adrénaline, la production d'une autre hormone : le cortisol.

Cette hormone produite par les cortico-surrénales est souvent appelée « l'hormone du stress », car elle maintient un niveau élevé d'alerte dans le corps.

On estime qu'un stress qui dure plus de 30 minutes même s'il est peu puissant permet au cortisol d'atteindre son maximum.

Et, même en l'absence totale d'un autre stress, ce niveau de cortisol ne sera redescendu à son niveau de base qu'après plus de 6 heures !

Cela veut dire qu'un stress de trente minutes reste actif dans notre corps et perturbe notre physiologie pendant 6 heures.

Si par malheur, un autre stress apparait au cours de ces 6 heures, cela va décaler de nouveau de 6 heures le retour à la normale.

Et pour aggraver le tout, un premier stress qui a généré la première sécrétion du cortisol, va nous mettre en alerte et nous rendre alors plus sensible à un autre stress.

C'est ainsi que de nombreuses personnes se retrouvent avec un stress chronique qui va s'auto-entretenir tout au long de la journée.

C'est le cercle vicieux du stress qui a commencé avec un seul stress.

Pour sortir d'un stress, utilisez votre corps

Alors comment s'en sortir ? Comment faire face à un stress ?

Il faut sortir du cercle vicieux !

Pour cela nous pourrons chercher à nous raisonner, mais c'est souvent peine perdue…

La solution la plus rapidement efficace est de modifier notre physiologie.

Pour cela les exercices de Sophrologie, les exercices respiratoires et les outils proposés dans les « 7 secrets anti-stress » sont tout indiqués. Ils donnent d'excellent résultats....

Mais évidemment cela ne pourra donner de résultats que si vous les mettez réellement en pratique.

Un stress ne s'évacuera pas en lisant une théorie anti-stress.

Tout comme une recette de cuisine n'a jamais rassasié personne.

Un stress restera tant que vous ne l'aurez pas chassé énergiquement.

Alors go ! Rendez-vous à la fin du livre et au boulot !

Vous êtes stressé parce que vous y croyez

Nous avons tous l'impression de vivre dans un monde différent.

Nous avons tous une conception du monde différente.

Et le monde dans lequel nous vivons est conforme à cette vision du monde.

C'est-à-dire que nous avons vraiment l'impression de vivre exactement dans le monde tel que nous le concevons.

Pourtant chacun a une vision différente, et donc chacun a l'impression de vivre dans un monde différent.

Et c'est pourtant le même monde ! Cela voudrait dire que nous vivons tous dans le monde dans lequel nous pensons vivre.

Si je continue à pousser le raisonnement plus loin, cela voudrait dire qu'il suffit que nous changions notre vision du monde pour vivre dans un monde différent.

Or cette vision du monde dépend uniquement de notre imagination.

Si nous imaginons le monde différemment, nous le vivrons aussi différemment.

Votre vision du monde détermine votre monde

Qu'en est-il du stress ?

Si nous faisons le même raisonnement à propos du sujet principal de ce livre: le stress.

Nous pourrions dire que notre stress dépend de la façon dont nous interprétons les choses.

Notre confiance en nous (qui a tendance à baisser avec le stress) dépend aussi de la vision que nous avons de nous-même.

Cette vision de nous-même n'est, elle aussi, qu'une représentation mentale, c'est-à-dire une représentation imaginaire de nous-même.

Or, notre imagination n'est pas limitée, nous pouvons aussi bien imaginer une orange bleue qu'un éléphant volant ou marcher au plafond.

Nous pouvons donc modifier de la même façon la représentation mentale que nous avons de nous-même.

Nous pouvons ainsi nous parer de toutes les qualités que nous souhaiterions avoir.

Comment développer nos qualités ?

La façon la plus simple de réaliser cela, est de :

Commencer par visualiser une personne qui a déjà ces qualités.

Transformer l'image de cette personne en une image de nous-même tout en lui gardant les qualités que l'on souhaite.

S'imaginer venir à l'intérieur de cette personne pour agir avec ses qualités.

Prenons un exemple pour être moins stressé :

Imaginons (au hasard) que vous souhaiteriez être beaucoup moins stressé.

Cherchez dans les gens que vous connaissez une personne particulièrement zen.

Si vous n'en connaissez pas directement, vous pouvez rechercher dans les personnages de fiction, dans les personnages de films, de romans, voire même en imaginer un.

Vous allez donc dans un premier temps imaginer ce personnage en train d'agir comme vous aimeriez agir dans une situation qui normalement vous stresse.

Dans un second temps, transformez cette représentation de ce personnage en une représentation de vous-même en train d'agir comme vous aimeriez agir.

Puis dans un troisième temps, imaginez que vous entrez dans le personnage et sentez-vous agir comme vous le souhaiteriez.

Devenez mentalement un acteur

Amusez-vous à jouer le rôle de ce personnage super zen.

Imaginez-le le plus souvent possible et avec le plus de détails possibles.

Cette répétition va inscrire dans votre physiologie, dans vos circuits neuronaux, dans vos circuits musculaires, cette nouvelle habitude.

De la même façon que les sportifs répètent mentalement les mouvements qu'ils vont accomplir ensuite réellement afin d'améliorer leurs performances.

C'est de la même façon aussi que les enfants jouent à être des personnages, ou à exercer des métiers.

Tel un acteur qui répète un rôle, imaginez-vous dans un maximum de situation en train de réagir exactement de la façon dont vous aimeriez réagir.

C'est de cette façon que notre cerveau apprend le mieux.

Plus votre représentation mentale sera claire précise et détaillée, plus cette clarté, cette précision, ces détails se graveront profondément dans votre cerveau et dans votre physiologie.

Pour certaines personnes il sera plus facile de s'imaginer la scène sur un écran de cinéma.

Imaginez-vous aussi que les personnes de votre entourage réagissent positivement à cette nouvelle façon de vous comporter.

Imaginez les interagir avec vous en fonction de cette nouvelle personnalité.

Représentez-les en train de trouver normal cette zen attitude.

Vous n'avez pas besoin d'y croire pour que ça marche.

Imaginez simplement ce personnage en train d'agir comme vous le souhaiteriez.

Votre cerveau n'a pas besoin de croire ce qu'il imagine pour créer les circuits neuronaux et les circuits musculaires correspondant à votre imagination.

Vous n'avez pas besoin de vous dire « j'agirai comme ça demain ».

Imaginez-vous simplement en train d'agir de la façon idéale.

Faites cet exercice tous les jours pendant 20 à 30 minutes, et pendant 21 jours....et profitez du résultat.....

Nous sommes tous accro à nos émotions : le stress est une drogue !

Notre corps renforce ce qu'il fait souvent et élimine ce qui n'est pas utilisé.

Cela est vrai aussi pour les émotions que nous vivons quotidiennement.

Fonctionnement :

Chacune de nos émotions produit dans notre corps et dans notre cerveau un neurotransmetteur spécifique.

Par exemple, en simplifiant, la dopamine est associée au plaisir, le glutamate avec la douleur et l'adrénaline avec la peur et la colère.

Chacun de ces neurotransmetteurs est produit par des cellules particulières et spécifiques.

Quand ces producteurs spécifiques libèrent le neurotransmetteur particulier de cette émotion, il est ensuite capté par les récepteurs spécifiques qui produisent l'émotion en question

Notre corps produit ce qu'il utilise

Nous renforçons ce que nous utilisons :

Or notre corps a tendance à améliorer et à renforcer ce qu'il utilise régulièrement.

Par exemple, le principe de base de la musculation est celui-ci : plus nous utilisons nos muscles, plus le corps va produire de cellules musculaires pour répondre à ce besoin.

De la même manière, plus nous vivrons cette émotion spécifique de façon récurrente, plus le corps créera de cellules productrices du neurotransmetteur spécifique. En même temps, il créera aussi plus de récepteurs spécifiques

Nous faisons bien ce que nous faisons souvent

Nous sommes en manque de ce que nous ne vivons plus : Or, si nous arrêtons brusquement de vivre cette émotion récurrente, les récepteurs vont se retrouver en situation de manque comme un drogué.Si nous sommes régulièrement stressés, notre corps est habitué au stress comme à une drogue !

Conséquence : du fait de cette sensation de manque, notre cerveau va chercher inconsciemment à le compenser en nous faisant revivre l'émotion correspondante. En effet, les récepteurs qui se retrouvent en manque de leurs neurotransmetteurs peuvent produire une sensation de malaise.

Pour le stress, notre corps demande sa dose de drogue, sa dose de stress !

C'est la raison pour laquelle nous sommes souvent tentés de reprendre une mauvaise habitude.

Même si cette émotion récurrente est toxique, même si nous avons conscience que c'est une mauvaise habitude, la sensation désagréable produite par le manque suffit souvent pour nous faire replonger.Faites régulièrement ce que vous souhaitez vivre

Solution :

La première des solutions et la prise de conscience du phénomène, ce que vous êtes en train de faire en lisant cet article.

Ensuite, il nous faut prendre conscience qu'il faut la plupart du temps plusieurs essais avant de réussir quelque chose.

Nous devons donc accepter la récidive et le retour de l'ancienne émotion, non pas comme un échec mais comme une étape vers la réussite ultime.

Nous devons ensuite recommencer à vivre la nouvelle émotion ou la nouvelle habitude que nous avons choisie.

Ce n'est pas grave de chuter une centaine de fois à condition de se relever et de reprendre cent et une fois.

Imaginez ce que vous voulez vivre

Comment aller encore plus vite : Il existe aussi un raccourci pour installer plus facilement et plus rapidement une nouvelle émotion ou une nouvelle habitude en utilisant la représentation mentale.

Pour cela, il suffit de s'imaginer en train de vivre l'émotion que l'on a choisie ou d'agir selon l'habitude que nous avons choisie.

Nous allons donc alors créer tout le circuit neuronal, les sites de production spécifique et les récepteurs spécifiques du neurotransmetteur de l'émotion choisie.

Nous allons alors devenir cette fois accro à une émotion positive plutôt qu'à une émotion négative.

Nous serons alors naturellement et automatiquement attiré pour reproduire les situations réelles qui nous feront vivre cette émotion positive que nous avons choisie.

Et vous, êtes-vous un(e) drogué du stress ? Quelles sont vos émotions récurrentes ? Sont-elles bénéfiques ou destructrices ?

Comment allez vous faire ou comment avez-vous fait pour cultiver vos émotions agréables ?

Comment un stress perturbe
les rapports humains

De quoi dépendent les relations humaines ? Et comment les améliorer ?

Les relations humaines vont dépendre de deux facteurs principaux : les habiletés de communication d'un côté, et l'état émotionnel des personnes en présence de l'autre côté.

Intéressons nous dans un premier temps à la capacité de bien communiquer. Nous n'allons pas développer ce point.

Nous pouvons simplement dire qu'elle va dépendre de la finesse de perception, (classées par ordre d'importance décroissante), non-verbale, para-verbale et verbale.

Un autre point très important dépendra de la capacité à s'adapter en fonction des perceptions dont nous venons de parler.

Le dernier point important de la communication viendra de l'habileté technique à communiquer qui peut s'apprendre avec des techniques de CNV (Communication Non Violentes), de PNL (Programmation Neuro-Linguistique) ou d'AT (Analyse Transactionnelle) pour ne citer que les plus connues.

Ne pas être stressé facilite les rapports humains

Le deuxième point qui nous intéresse plus particulièrement pour la qualité des rapports humains est l'état émotionnel des différents interlocuteurs.

Toutes les capacités techniques que nous avons citées dans le premier point disparaissent comme neige au soleil quand l'émotionnel n'est pas au beau fixe.

En effet des émotions dites négatives comme la colère, la peur et le stress vont provoquer une désynchronisation du traitement de l'information des 5 sens.

Cette désynchronisation va empêcher le cerveau de traiter correctement les informations.

C'est un peu la même chose que quand vous regardez un film dont le son et l'image sont désynchronisés.

Il est rapidement très difficile de comprendre l'histoire.

Le même processus se passe dans le cerveau stressé. Sauf qu'il y a 5 sens au lieu de 2.

Pour corser le tout, le cerveau doit traiter non seulement les informations sensorielles, mais aussi les informations motrices .

Cela double encore la charge de travail du cerveau sans compter les pensées qui tournent.

Le cerveau se trouve alors dans l'incapacité de traiter ces informations désynchronisées. Il est alors dans un état appelé « d'inhibition corticale » : la capacité de réflexion est très amoindrie, voire carrément éteinte en cas de stress majeur.

Le résultat de cette inhibition corticale va casser les capacités de communication d'abord en réception.

Toutes les capacités dont on a parlé dans le paragraphe précédent (perceptions non verbales, para-verbales et verbales) vont être très affaiblies.

Ensuite en émission : la pensée peu claire sera en plus desservie par un vocabulaire déficient, aggravé par une élocution difficile. Toutes ces difficultés vont amplifier la détresse émotionnelle dans un cercle vicieux qui peut pousser à dire, ou faire des choses qui seront regrettées par la suite.

Par contre un état émotionnel, dit positif, de confiance, de tranquillité et de bien-être va permettre le fonctionnement optimal du cerveau tout en envoyant des signaux non verbaux, para-verbaux et verbaux très positifs. Cela va faciliter la communication et les rapports humains. Il suffit pour s'en convaincre de remarquer que nous préférons très souvent être en relation avec une personne calme et chaleureuse même si elle est maladroite, plutôt qu'avec une personne très adroite en techniques de communication, mais froide et stressée.

Nous voyons donc que, quelque soit le niveaux de techniques ou d'habileté dans la communication et les rapports humains, ce qui sera très important sera d'être le moins stressé possible pour être dans une communication fluide. Nous allons donc développer ce point dans la suite de cet article.

Ressentir des émotions positives et anti-stress facilite la communication

Comment faire baisser le stress ?

Notre organisme mental et physique est une entité cybernétique. C'est à dire que quelque soit la modification que l'on fait dans ce système, cela va influencer l'intégralité du système.

Nous pouvons aussi distinguer le travail à court terme, du travail à long terme.

Le travail à court terme va permettre de faire face à une difficulté passagère, une échéance à venir comme un examen, un accident de la vie comme un deuil, ou un moment délicat de la vie comme l'adolescence d'un enfant.

Le travail à long terme va chercher à transformer la réactivité de la personne pour lui permettre d'être plus stable en toutes circonstances. Nous appellerons ce travail le renforcement de la structure, de la charpente de la personnalité de la personne. Un peu comme un pont qui est un peu vacillant et que l'on va renforcer pour qu'il puisse supporter plus de trafic sans danger.

Ce renforcement s'articulera autour de deux axes : un axe de de nettoyage et un axe de renforcement pur. Pour reprendre la métaphore du pont, il y a peut-être quelques traverses pourries ou qui ont été tordues par les différents accidents qu'a pu connaître ce pont. Il convient donc de se débarrasser de ces éléments défectueux pour ne pas faire de points de fragilité dans la structure générale du pont. De la même façon que la puissance d'une chaîne est dans son maillon le plus faible.

Notre résistance au stress, dépendra de la partie la plus fragilisée de notre personnalité. Ce travail de nettoyage va donc permettre de se débarrasser des traces des évènements traumatiques qui continuent à nous fragiliser dans notre vie de tous les jours et nous empêchent de réagir efficacement et sainement aux situations stressantes. (voir article panaris émotionnel)

L'autre direction du travail à long terme sera un travail de pur renforcement de la structure. Nous approfondirons ces deux aspects du travail à long terme à la fin de cet article.

Comme chaque action influence l'intégralité du système, nous parlerons de porte d'entrée dans ce système pour en modifier le fonctionnement et le rendre optimal. Nous distinguerons 4 portes d'entrées. L'intérêt de ces diverses portes d'entrée est qu'elle permettent de s'adapter aux différentes circonstances, aux différentes personnalités et aux différents buts poursuivis par chacun. Nous allons les lister avant de développer chacune de ces portes d'entrée. Nous aurons donc les portes d'entrée physiologique, émotionnelle, mentale et chimique.

Ne pas être stressé facilite le travail du cerveau

La porte d'entrée chimique

La voie chimique allopathique (médicamenteuse) : elle est la plus facile et la plus utilisée dans notre pays. Les français sont en effet reconnus comme étant les champions du monde de la consommation de psychotropes légaux. (voir article précédent) Je ne rentrerai pas dans les détails des prescriptions, car elle nécessitent une ordonnance médicale du fait des effets secondaires non-négligeables.

La voie chimique homéopathique : elle est un peu plus naturelle mais doit tout de même être utilisée avec avis médical. Elle propose principalement pour la gestion du stress :

Sepia pour les angoisses et le sur-engagement

Argentum nitricum pour ceux qui ont toujours l'impression d'être dans l'urgence

Phosphorus pour les tendances hyperactives

Arnica montana pour les chocs psychologiques

Gelsenium sempervirens pour les colères et autres émotions puissantes

Ignatia pour faire face aux frustrations

Ambre grisea pour ramener de l'assurance

Une autre voie de la chimie encore un peu plus naturelle est les préparations de fleur de Bach avec le fameux et très utilisé « Rescue ». Cette préparation, comme son nom l'indique, est utilisée en sauvetage de parfois tout et n'importe quoi. Et il est souvent utilisé avec bonheur pour faire face à un stress ponctuel.

Enfin la dernière voie de la chimie encore plus naturelle est celle des plantes naturelles. Il en existe des centaines et ce n'est pas notre propos du jour. Citons seulement pour exemple les 5 plus connues, la camomille, le tilleul, la lavande la mélisse et la passiflore. Elle sont souvent utilisées soit sous formes d'infusions soit sous forme d'huiles essentielles, à respirer, à boire ou à frictionner…

Avantages de la porte chimique : effet souvent rapide et efficace

Inconvénients : effets secondaires parfois dramatiques, accoutumance provoquant une augmentation des doses, traitement du symptômes mais pas de la cause, effet à court terme.

Une physiologie non stressée améliore les rapports humains

La porte d'entrée physiologique :

La physiologie va elle aussi être divisée en 4 clés d'entrée qui vont évidemment et comme toujours s'influencer les unes sur les autres.

La première clé physiologique sera la respiration.

Toutes les techniques de gestion du stress utilisent la respiration.

Par exemple et sans être exhaustif, la Sophrologie, la Cohérence Cardiaque, la Méditation, la Relaxation, le Training Autogène, la Pleine Conscience (ou Mindfulness) le Taï-Chi, le Chi-Cong, le Yoga, le Pranayama…etc.

La respiration est tout à fait particulière : elle est à la fois automatiquement régulée par le système nerveux autonome et à la fois partiellement sous le contrôle volontaire. La plupart du temps nous respirons sans en avoir conscience et notre respiration s'adapte en permanence à notre besoin en oxygène. Pourtant, nous pouvons à tout moment décider de respirer plus fort, ou d'arrêter (temporairement) de respirer.

Une deuxième chose particulièrement intéressante dans notre respiration est qu'elle est liée aux deux branches orthosympathique et parasympathique de notre système nerveux autonome. La branche orthosympathique va en effet accentuer l'inspiration, accélérer la respiration, la rendre plus haute (thoracique) et va parfois la bloquer en fin d'inspiration. Par contre la branche parasympathique va plutôt privilégier l'expiration, va ralentir la respiration, l'abaisser (vers l'abdomen) et parfois provoquer des suspension respiratoires en fin d'expiration.

Or nous avons vu tout à l'heure que tout influence tout dans notre organisme par une boucle de rétroaction. Si nous modifions notre respiration, nous allons donc pouvoir à volonté activer le système parasympathique tellement important dans la gestion du stress, pour être dans les meilleures dispositions émotionnelles d'une communication saine et efficace.

Comment utiliser la respiration pour faire baisser le stress ?....

Nous allons modifier les quatre paramètres de la respiration de la façon suivante : plus lentement, plus amplement, plus avec le ventre et insérer des pauses en suspension après l'expiration. Sans stress, les rapports sont plus humains

La deuxième clé physiologique d'un stress sera le tonus musculaire

Le tonus musculaire tout comme la respiration est la fois sous le contrôle du système nerveux autonome et sous notre contrôle.

Comme pour la respiration, il peut être contrôlé par le système nerveux autonome et aussi en prendre le contrôle en retour.

Le système parasympathique produit une baisse du tonus, une détente musculaire.Et la détente musculaire dans l'autre sens va activer le système parasympathique.

Modifier notre tonus musculaire modifie notre état de stress

Comment obtenir cette baisse de tonus ?

Nous allons proposer quatre approches différentes et complémentaires :

Première approche pour les personnes très tendues qui ne parviennent jamais à se détendre : l'approche paradoxale.

Nous allons utiliser le réflexe du corps de revenir systématiquement à son homéostasie, son point d'équilibre.

Pour cela, nous allons artificiellement augmenter la tension des muscles pour obliger le corps à se relâcher et à faire baisser le tonus.

Un stress forcé provoquera en retour une détente

Contractez pour relâcher !

L'exercice va donc consister à inspirer fortement puis en bloquant la respiration, de contracter une partie ou tout le corps pendant quelques secondes.

Puis de relâcher tout sur le souffle pour profiter du réflexe de relaxation du corps.

(Vous pouvez en avoir un exemple en audio sur la page du blog : se débarrasser du stress négatif)

Deuxième approche pour la plupart des gens : l'approche réflexe de détente.

Notre corps cherche à faire le moins d'effort possible naturellement.Cette approche va utiliser cette faculté en prenant conscience des différentes parties du corps.

Pour cela, l'exercice de base le plus simple est le parcours corporel.

Parcourez mentalement votre corps pour vous relaxer !

Pour cela il suffit de porter l'attention dans une partie du corps et de la ressentir le mieux possible.

Puis de déplacer l'attention dans une autre partie et ainsi de suite dans tout le corps sans chercher à faire quoi que ce soit et d'observer comment la détente musculaire s'installe naturellement.(Vous en avez un exemple en audio sur la page du blog : se relaxer et être moins stressé par le parcours corporel)

Troisième approche nécessitant un peu plus d'habitude : l'approche par les sensations particulières.

Quand nous sommes détendu, nous ressentons des sensations particulières qui sont spécifiques à chacun : chaleur ou fraîcheur, pesanteur ou légèreté, fourmillements, gratouillements, chatouillements …etc.Quand on les connaît, le simple fait de chercher à ressentir ces sensations particulières suffit à induire la détente, grâce à la boucle de rétro-action.

Quatrième approche qui peut nécessiter la présence d'un tiers : l'approche mécanique.

Dans cette approche nous allons mécaniquement étirer les muscles pour provoquer leur détente.

Cela peut se faire par des étirements du style stretching ou par des massages dont les vertus apaisantes ne sont plus à démontrer. Le massage déstresse !

La troisième clé physiologique antistress sera l'attitude physique

La façon de se tenir permet instantanément de savoir dans quel état émotionnel nous nous trouvons.

Par la boucle de rétroaction, nous pouvons changer notre attitude physique pour influer sur notre mental et notre niveau de stress.

Souriez pour libérer un stress

Le plus simple, le plus évident et le plus efficace des changements d'attitude est celui affiché sur notre visage par le sourire. Notre sourire modifie instantanément la physiologie en réduisant toutes les réactions inflammatoires produites par le stress (voir l'article : sourire fait baisser le stress).

La quatrième clé physiologique sera la façon de bouger

Une personne énervée stressée bouge de façon saccadée, heurtée, rapide. Elle va parler vite et fort.

Grâce à notre fameuse boucle de rétroaction, nous allons pouvoir inverser le processus en faisant des gestes lents, souples et mesurés.

Bouger calmement calme !

De la même manière, en parlant lentement, posément et doucement nous allons activer le système parasympathique et obliger notre physiologie à ralentir.

La porte d'entrée de la pensée

En modifiant notre pensée et notre façon de voir les choses, nous allons forcément modifier la réponse physiologique.

Nous allons proposer trois façons de modifier ce qui se passe dans notre tête : le recadrage, la dissociation et le questionnement positif.

Le recadrage

Souvent, le stress est du à la façon dont on explique la situation stressante. Face à un entretien d'embauche, on se dit par exemple que le jury va être contre nous, qu'on n'est pas à la hauteur ou que le poste sera attribué au « piston ».

Le recadrage va consister à trouver d'autres explications qui peuvent être aussi vraies (ou aussi fausses) mais plus positives comme par exemple que le jury va être sous le charme, que nous sommes exactement la personne qui correspond à ce poste, ou que le poste nous est destiné.

Ces explications ne sont peut-être pas vraies mais elles ont le mérite de nous mettre dans un état d'esprit plus conforme à une communication saine et à des relations humaines harmonieuses.

Imaginez ce vous voulez

La dissociation ou distanciation

Quand on est stressé, une expression populaire dit qu'on est « la tête dans le guidon ».

On est totalement associé à ce qui se vit, on ne perçoit qu'une petite partie de la situation.

En prenant du recul, nous allons pouvoir évaluer l'enjeu réel de la situation stressante.

Pour cela une méthode très facile est de se demander quel est le pire qui puisse arriver ?

On se rend souvent compte qu'il n'y a pas « mort d'homme »., que rien de plus terrible que notre situation actuelle ne risque de nous arriver.

Cela est régulièrement le cas dans les disputes, cette simple question permet souvent de se rendre compte de l'insignifiance du problème d'origine.

Nos questions nous stressent

Le questionnement positif

Les gens stressés (comme les dépressifs) se posent souvent des questions qui commencent par « pourquoi » et qui se continuent par un problème.Par exemple, « pourquoi je n'arrive pas à communiquer », « pourquoi ça m'arrive à moi », « pourquoi on se dispute sans arrêt » ?

Le fonctionnement de notre cerveau fait que pour comprendre et réfléchir à cette question, nous sommes obligé mentalement de recréer le circuit mental du problème.

Nous renforçons alors ce circuit mental problématique au lieu d'y trouver des solutions.

Le questionnement positif va consister à utiliser cette même capacité du cerveau pour construire et renforcer un circuit mental de solution. Le questionnement positif va, la plupart du temps, commencer par « comment » et se continuer par une solution.

Par exemple : « comment puis-je faire pour établir une communication harmonieuse », « comment être plus calme », « comment être plus en harmonie » ?

De cette façon notre cerveau va renforcer automatiquement les circuits mentaux des solutions et faciliter leur mise en œuvre.

Les questions positives nous éclairent et nous déstressent !

Dernière porte d'entrée : l'état émotionnel

La qualité des relations humaines est évidemment aussi directement tributaire de nos états émotionnels

Le fait de se sentir en confiance, en relation, en harmonie, en symbiose…etc. va faciliter grandement la qualité de nos relations.

Or, nous pensons à tord que seules la qualité de la relation peut provoquer ces sentiments.

Nous allons voir, qu'en fait, nous pouvons tout à fait les générer grâce à trois clés différentes.

Nous allons les exposer brièvement car elles feront l'objet d'un autre article ultérieurement.

Première clé : les évènement ressources

Nous avons tous dans notre vie ressentie à un moment ou à un autre une de ces émotions positives que nous voulons revivre.

Il suffira alors de retourner mentalement dans le souvenir pour recréer dans notre corps cette émotion porteuse de qualité relationnelle. Pensez aux moments ressources pour en renforcer l'expérience

Deuxième clé : le lieu ou paysage ressource

Nous pouvons aussi imaginer retourner dans un paysage ou créer mentalement un lieu qui nous inspirera l'émotion choisie.

Il arrive souvent que nous ayons besoin de ces émotions positives dans des lieux et des moments où il sera difficile d'évoquer les événements ou ces lieux ressources.

Heureusement nous avons un truc pour déclencher à volonté les émotions choisies grâce à la troisième clé.

Déstressez-vous comme en prenant des vacances virtuelles

Troisième clé : l'ancrage ou signe signal

Nous avons tous une chanson ou un parfum qui nous rappelle une émotion ou une personne particulière. Cette chanson ou ce parfum sont des ancrages ou signes signaux émotionnels.

Ils se sont créé automatiquement en nous, mais la bonne nouvelle, c'est que nous pouvons aussi en créer à volonté.

Pour cela il suffit de se mettre dans l'émotion que l'on cherche à ancrer (avec le plus d'intensité possible) et de faire un geste particulier. En répétant plusieurs fois la même opération avec une intensité maximale, le geste particulier sera alors associé à l'émotion ressource choisie.

Il suffira alors de refaire ce geste particulier dans la situation où nous avons besoin de cette émotion ressource.

Nous avons vu précédemment comment gérer le stress à court terme.

Il est temps de voir comment nous pouvons le gérer à long terme afin de pouvoir rester stable en toutes situations.

Le travail à long terme

Nous avons vu en début d'article que ce travail à long terme va dans deux directions complémentaires : le nettoyage et le renforcement de la structure.Nous allons juste survoler ce sujet qui fera l'objet d'un autre article.

Allumer la lumière est le meilleur moyen de chasser l'ombre !

Les petits stress sont les plus corrosifs !

Le supplice chinois qui est reconnu comme le plus terrible est le supplice de la goutte d'eau.

Comment une simple goutte d'eau peut-elle générer un tel stress ?

Ce supplice consiste à laisser tomber une goutte d'eau sur la tête du supplicié à quelques minutes ou quelques secondes d'intervalle.

Et en quelques heures, le supplicié est tellement à bout de nerfs qu'il peut devenir fou.

Pourtant cette goutte d'eau n'est absolument pas douloureuse.

Elle ne représente qu'un stress minimal.

Néanmoins, c'est sa répétition régulière qui rend ce stress, pourtant bénin, totalement insupportable pour celui qui le subit.

Simplement parce que le supplicié en fait une fixation.

La même chose sur un moine bouddhiste dans son ermitage ne produirait pas du tout le même effet.

Une goutte d'eau peut vous stresser ou vous apaiser …

C'est dans les pires situations que nous sommes les meilleurs :

De la même façon, dans nos vies, nous réagissons souvent mieux à un stress majeur qu'aux difficultés de la vie quotidienne.

J'ai souvent été frappé par l'élan de solidarité qu'il peut y avoir, par exemple, entre voisins lors d'une inondation. Ces personnes étaient peut-être en conflit pour un arbre qui penche trop, mais le stress massif d'une catastrophe naturelle leur permet de passer au dessus de ça.

Certains stress n'en valent pas la peine

Si vous observez attentivement ce qui vous stresse dans la vie, vous devriez remarquer que certaines choses sont vraiment sans importance.

Vous trouverez très certainement un certain nombre d'occasions de stresser que vous pourriez vous épargner en y réfléchissant un petit peu.

Vous laissez-vous stresser par des broutilles ?

Quatre étapes pour détecter les stress inutiles

Pour arriver à les détecter, je vous propose ces quatre étapes :

Définissez précisément ce qui vous stresse.

Établissez en les pires conséquences.

Demandez-vous si ces conséquences risquent vraiment d'arriver et définissez la gravité probable.

Demandez-vous si votre stress n'est pas disproportionné par rapport à la gravité réelle de la situation.

Les couples se séparent pour des stress mineurs :

On retrouve le même problème dans les relations de couple.

Selon les juges aux affaires familiales, plus de la moitié des cas de divorce viennent d'une accumulation de reproche à propos des petits tracas quotidiens tels que la lunette des WC, le dentifrice pas rebouché et autres chaussettes qui traînent.

Il y a par contre très peu de divorce à la suite d'un accident ou d'une maladie.

Soyons donc attentifs dans notre vie professionnelle comme dans notre vie personnelle à ne pas nous laisser grignoter par ces micros stress tellement corrosifs.

Quels sont vos mini stress ?

Et vous, quels sont les mini stress qui arrivent à vous déstabiliser ?

Le stress est un choix,
c'est votre choix à chaque instant

Contrairement à la croyance populaire, le stress n'est pas une fatalité que nous sommes obligés de subir et contre laquelle nous n'avons pas de recours.

C'est même carrément l'inverse !

La plupart du temps le stress est un choix inconscient d'accepter ce stress et ne de rien faire pour en sortir !

C'est pourquoi je me suis permis ce titre un peu provocateur « Le stress est un choix » !

Vous pouvez choisir de tirer ou de scier !

Vous pouvez changer votre vie à chaque instant

En fait, ce que l'on ne sait pas et dont on n'a généralement pas conscience, c'est que nous avons en permanence, à chaque instant la possibilité de faire un choix, ou, de ne pas faire de choix et de se laisser dériver.

Par exemple en ce moment pendant que vous êtes en train de lire ces lignes, vous n'avez pas conscience du rythme de votre respiration, ni de son amplitude.

Maintenant que j'ai attiré votre attention dessus, vous en avez conscience.

Vous avez donc le choix ici et maintenant de respirer plus profondément et plus lentement, ou au contraire de ne rien changer à votre respiration.

Ce micro choix serait totalement insignifiant s'il était isolé.

Mais ce micro choix est en fait très souvent tout à fait représentatif de vos milliers de micros choix journaliers.

Ces milliers de micros choix où vous décidez de faire une action en direction de votre bien-être ou en direction de votre stress ou de ne rien choisir du tout et de vous laisser dériver, vont avoir une influence absolument colossale sur vous.

On a vu en effet dans l'article « Stress et posture, des résultats stupéfiants !» que seulement 2 minutes de changement physiologique pouvait faire varier de 40 % le taux de cortisol dans le sang.

Oui, vous avez bien lu 40 % de différence de cortisol en fonction du choix de posture.

Ce fameux cortisol qui nous maintient sur le qui-vive et entretient notre stress !

Et c'est la même chose quand vous changez de respiration ou de focalisation mentale.

C'est pourquoi le stress est un choix.

Est-ce ce que je fais me dirige vers ma vie rêvée

Le stress est un choix par défaut !

C'est votre choix quand vous choisissez :

D'appliquer les conseils que je vous donne dans les articles de ce livre.

De pratiquer les séances qui sont en consultation libre sur ce livre et sur le blog !

De prendre une respiration ample et calme à chaque fois que vous y pensez.

De prendre une posture de puissance et de confiance à chaque fois que vous remarquez votre attitude soumise et avachie.

De choisir de penser à vos chances au lien de continuer à penser à vos galères…

…etc. etc. On pourrait allonger la liste pendant des pages…

Mais c'est aussi votre choix de ne rien changer et de vous laisser dériver en continuant à vous plaindre.

Comment faire en pratique ?

Je souhaite simplement vous proposer le petit challenge suivant :

Pendant seulement une journée pour commencer, essayez à chaque fois que votre pensée se pose sur vous-même, sur comment vous vous sentez (en bien ou en mal) de changer quelque chose en vous pendant seulement quelques secondes parmi ces propositions :

Respirez profondément et lentement et/ou par le ventre !

Souriez !

Redressez-vous !

Dites une gentillesse (à vous ou à quelqu'un d'autre)!

Pensez à quelque chose d'agréable

Choisissez des pensées d'amour

Et quand vous l'avez fait, je vous encourage à vous féliciter pour en renforcer la connexion dans votre système nerveux.

Ainsi cette habitude deviendra un automatisme (une autoroute neuronale) qui modifiera profondément votre stress et votre joie de vivre dans le sens de votre choix.

On a vu que la variation du taux de cortisol pouvait être de 40%.

Quelle différence cela fera-t-il à la fin de la journée si vous avez fait systématiquement baisser votre cortisol de 40 % tout au long de la journée ?

Et si vous continuez demain, et après demain, et ainsi de suite tout au long de votre vie ?

C'est votre choix de cumuler les bienfaits et de tester la validité de ma proposition.

C'est aussi votre choix de ne pas en tenir compte et de me dire que je suis un doux rêveur.

Et ce choix aura forcément ses conséquences naturelles !

Le stress est un choix, mais le non stress et la vie heureuse sont aussi des choix !

Alors quel est votre choix ?

Faites le test !

Stressés, arrêtez d'espérer passer au travers des murs !

Oui, arrêtez de prendre votre vessie pour une lanterne car vous allez vous brûler (stresser) ! En d'autres termes, utilisez-vous votre énergie sur ce qui peut être changé ou sur ce qui ne peut pas être changé ?

Quelle zone nourrissez-vous ?

La zone d'influence est composée de toutes les choses que vous pouvez modifier, soit directement soit indirectement.

Exemple : votre humeur, vos habits, mais aussi dans une moindre mesure les humeurs de ceux qui vous entourent et leurs habits.

La zone de contrainte est constituée de tout ce sur quoi nous n'avons aucune possibilité d'action.

Exemple, le temps, la conjoncture économique, les faits divers, les agissements des célébrités…etc.

Nous pouvons remarquer que cette zone de contrainte est plus étendue et entoure notre zone d'influence. Et c'est normal.

Mais ce qui va nous stresser, nous frustrer, nous faire perdre énormément d'énergie, c'est de porter notre attention, notre action sur cette zone de contrainte. C'est aussi idiot que de vouloir sortir d'une pièce en essayant de passer à travers le mur.

On obtiendra comme seul résultat des douleurs, de la fatigue et bien évidemment du stress ! Et il est certain que nous serons encore dans la pièce malgré nos efforts.....

Pire, nous allons nourrir cette zone de contrainte. Grâce à l'énergie que vous lui consacrez, elle va grandir et grignoter notre zone d'influence. C'est de cette manière que s'installera l'impuissance acquise. Nous allons alors perdre graduellement notre estime et notre confiance en nous et être de plus en plus stressé.

Heureusement, le phénomène inverse est vrai aussi.

Si vous portez toute votre énergie et votre attention sur ce que vous pouvez changer, vous allez nourrir votre zone d'influence.

Cette zone d'influence va alors grandir, s'élargir et venir grignoter votre zone de contrainte.

Vous allez alors augmenter votre estime et votre confiance en vous, et faire baisser votre stress.

Alors, allez-vous chercher la porte pour sortir de cette pièce ?

Utilisez plutôt la porte, c'est étudié pour…

Pour me déstresser,
je fume une cigarette erreur !

Les fumeurs pensent que fumer calme leur stress.

« Quand je suis stressé, je fume et ça me relaxe

Je ne peux pas arrêter de fumer, je suis trop stressé !

J'ai recommencé à fumer sur un coup de stress ! »

Nous avons tous entendu ou dit ce genre de phrase…

Mais la cigarette a-t-elle réellement un effet anti-stress ?

Fumer stresse

Quelles sont les relations entre le stress et le tabac ?

La cigarette est un faux anti-stress !

On a longtemps pensé que les personnes plus stressées avaient tendance à fumer pour se détendre.

On sait maintenant que c'est faux.

Le risque de troubles anxieux est augmenté chez les fumeurs :

un article (intitulé « Association between cigarette smoking an anxiety disorders during adolescence and early adulthood » publiée en 2 000 par Johnson JG, dans JAMA) montre que le risque d'anxiété généralisée est multiplié par cinq et demi (x5,5) et le risque d'attaques de panique est lui multiplié par quinze (x15) chez les fumeurs…

Nous pouvons donc en conclure que loin d'avoir des vertus anxiolytiques, la cigarette est un gros facteur anxiogène !

Le phénomène de manque, calmé par la prise de nicotine, donne l'impression que la cigarette relaxe. C'est un piège !

Elle ne calme que le malaise qu'elle a elle-même engendré, tout en renforçant le problème.

Fumer rend anxieux

Trouvez une autre manière de vous déstresser, le tabac ne vous aidera pas !

La seule chose qui pourrait être un peu bénéfique serait la mécanique respiratoire de la longue inspiration et longue expiration. Malheureusement, l'intoxication au monoxyde de carbone, à la nicotine et au cinq cent composés toxiques recensés dans la fumée de cigarette réduit à néant cet avantage.

Buvez un verre d'eau : le manque d'hydratation est souvent une cause de sensation de stress.

Marchez ou faites du sport : une activité physique vous permettra de vous vider la tête et facilitera un sommeil réparateur.

Pratiquez des activités anti-stress : les séances du cycle « En finir avec le stress en 21 jours de sophrologie (5mn/j) » proposées sur ce blog, les exercices du livre « Les 7 Secrets Antistress Instantanés et Gratuits« , du yoga, du Taï-Chi, du Chi-Kong ou toute autre pratique de ce genre.

Pour être moins stressé ou stressée, arrêtez de fumer !

Le livre « Dépression, Anxiété et Tabac » publié par David Tordeurs, Docteur en Psychologie et Psychothérapeute montre que les ex-fumeurs sont moins anxieux que les fumeurs.

L'arrêt du tabac provoque rapidement des bénéfices.

En cas d'arrêt de la cigarette, le score de dépression diminue dès trois semaines de sevrage.

Au bout de trois mois, ce score chute considérablement.

Une autre étude(de Hajek P intitulée « What happens to anxiety levels on giving up smoking ? Publié en 1997 dans Psychiatry) renforce cette preuve en montrant une grosse diminution du score de stress et d'anxiété 4 semaines après l'arrêt du tabac.

Fumer rend dépressif

La dépression est un signe majeur de stress.Savez-vous aussi que fumer peut aussi rendre dépressif ?

L'article publié par Tanskamen en 2001 montre qu'à dose élevée, chez les gros fumeurs, la nicotine augmente le risque de dépression. En cas d'arrêt du tabac, la dépression diminue.

Et enfin le risque de suicide est plus élevé chez les fumeurs.D'après, Hemenway, il existe deux fois plus (x2) de tentatives de suicide chez les fumeuses de moins de 25 cigarettes par jour et 4 fois plus (x4) pour les fumeuses de plus de 25 cigarettes par jour.

Alors, qu'attendez-vous pour jeter votre paquet pour de bon ?

Pour ne pas vous faire couler par le stress, utilisez la technique des paquebots

Comment ne pas stresser ?

Rien ne garantit à un paquebot qu'il n'aura jamais de voie d'eau.

Pourtant un système de sécurité très simple permet d'éviter qu'il ne coule totalement. Ce système est très fiable à deux conditions :

1 que le bateau ne soit pas totalement détruit

2 qu'il soit opérationnel à 100 % (pas comme le Titanic.....)

Il s'appelle :

Le cloisonnement

Sur un paquebot il consiste à mettre en place des portes et des cloisons qui vont faire que, en appuyant sur un simple bouton le bateau se retrouve découpé en plusieurs compartiments étanches.

Ainsi, même si un certain nombre de compartiments sont remplis d'eau, Les autres vont rester secs et permettre au bateau de continuer à flotter.

Pour ne pas stresser, cloisonnez

Pourquoi mettre en place ce cloisonnement ?

Nous sommes aujourd'hui chacun d'entre nous au point de rencontre de deux infinis.

L'immensité du passé qui dure depuis la nuit des temps, et l'immensité du futur qui va jusqu'à la fin des temps.

Étonnemment, quoi que vous disiez et quoi que vous fassiez, il vous est strictement impossible, à vous comme à moi, de vivre ne serait-ce qu'une seconde dans chacune de ces immensités.

Le seul et unique moment dans lequel vous pouvez vivre est en train de se dérouler en ce moment pendant que vous lisez ces lignes : c'est le présent.

Le seul moment où vous pouvez modifier quelque chose de votre vie, c'est dans l'instant que vous êtes en train de vivre.

C'est donc le seul qui mérite d'y mettre de l'énergie.

Toute l'énergie que vous mettez à ressasser du passé ou du futur est de l'énergie perdue en stress inutile.

Ce stress vous fait perdre votre confiance en vous qui elle-même augmente votre stress.

Nous avons alors un beau cercle vicieux qui s'auto-alimente et vous écrase littéralement.

Vous serez moins stressé si vous agissez maintenant

Comment mettre en place ce cloisonnement ? Pour éviter d'entrer dans ce cercle vicieux, il suffit de cloisonner cette journée que vous êtes en train de vivre.

Occupez vous d'aujourd'hui !

Pour cela donnez-vous comme objectif de vous occuper seulement et uniquement de ce que vous pouvez faire aujourd'hui. Par exemple, si vous êtes en prise avec des difficultés financières, est-ce que cela va avoir des conséquences réelles aujourd'hui ? Vraisemblablement non ! Vous aurez encore un toit ce soir, vous aurez encore de quoi vous nourrir et vous vêtir aujourd'hui, non ?

Vous serez encore vivant à la fin de cette journée, n'est-ce pas ?Que pouvez-vous faire aujourd'hui ? Ensuite, demandez-vous ce que vous pouvez faire maintenant, aujourd'hui, pour alléger, pour améliorer, pour faciliter ce qui vous préoccupe ? Faites-le maintenant !

Puis passez à l'action !

Faites tout simplement cette première petite chose ! Faites-là avec application sans penser à demain ni à hier.

C'est ça le cloisonnement !

La clé anti-stress : chaque jour est un nouveau jour

Recommencez demain ! Faites cela pour chacune de vos journées : une seul jour à la fois. Et vous verrez à quel point cela facilitera votre vie et vous rendra moins stressé…En bref :

Si je résume, nous avons vu que nous ne pouvons vivre, ni dans l'infini du passé, ni dans l'infini de l'avenir.Nous ne pouvons vivre qu'une journée à la fois.

Nous allons donc la cloisonner en commençant par nous occuper seulement de ce que nous pouvons faire aujourd'hui. Nous allons le faire le mieux possible, en étant concentré sur le présent, sans penser ni à hier, ni à demain.

Le truc pour persévérer !Cette technique sera aussi très efficace pour arrêter les addictions ou mettre en place de nouvelles habitudes. Vous pouvez par exemple ne pas fumer pendant seulement une journée, ou faire de l'exercice seulement aujourd'hui.Il suffira ensuite de refaire la même chose seulement demain, puis seulement après demain et ainsi de suite….

Installez-vous un signal d'alarme anti-stress

Le stress nous rend idiot

Un des effets du stress est de débrancher une partie de notre cortex cérébral.

Celui-là même qui nous rend intelligent et créatif.

Le stress nous rend bête à manger du foin.

C'est pourquoi, quand on est très stressé, il arrive souvent de répéter un même comportement en espérant obtenir un résultat différent. Vous allez me dire que c'est idiot, et vous aurez raison ! Mais que celui qui n'a jamais recherché trois fois ses clés dans la même poche me jette la première pierre.

Le stress diminue notre conscience

Associé à cela le stress produit une diminution des capacités sensorielles qu'on a vu dans d'autres articles (réduction du champ de vision, réduction des facultés auditives et de la finesse des perceptions corporelles)

Nous sommes ainsi en perte de conscience de nous même et de notre environnement.

Par définition, on ne peut que très difficilement prendre conscience d'une baisse de la conscience.

Il est, par exemple, assez difficile de se rendre compte qu'on s'endort. En général, on sait qu'on s'est endormi quand on se réveille.

Dite Stop au stress le plus tôt possible

Pourquoi le stress ressemble au feu ?

Il est donc très intéressant de se programmer des signaux d'alertes qui vont nous montrer que nous sommes en train de perdre pied. De cette manière nous pourrons utiliser les outils de gestion du stress avant que celui-ci n'ait déjà provoqué des dégâts importants.

De plus, plus on prendra le problème tôt et plus il sera facile de le régler. Les pompiers disent que pour arrêter un feu dans la première minute, il faut un verre d'eau, à la deuxième minute, il faut un seau d'eau, à la troisième minute, une lance à incendie et à la quatrième minute, un Canadair…

De la même façon, plus on gère tôt une difficulté émotionnelle et plus les moyens à mettre en œuvre seront faciles et puissamment efficaces. Nous sommes là devant une contradiction : d'un coté, il faut gérer tôt, et de l'autre la perte de conscience nous empêche de nous en rendre compte.

Installez vous un signal d'alarme qui signale la perte de conscience due au stress

Alors comment penser à utiliser les outils de gestion du stress ?

Tout simplement en utilisant la même stratégie que les constructeurs de voitures : en installant des voyants d'alarmes.

Ces signaux d'alarmes sont des sensations particulières et des réactions que nous avons systématiquement quand nous sommes en stress.

Par exemple, certaines personnes vont ressentir de la chaleur aux joues, d'autres auront du mal à articuler, d'autres vont se jeter sur l'alimentation, ou se mettre à crier sur les enfants…etc.

Chacun aura sa propre façon de réagir au stress.

Nous allons donc associer à ces signes particuliers l'idée d'une grosse alarme à incendie qui va résonner et flasher dans notre tête pour nous dire « Attention tu es en train de perdre pied et de stresser » !

Nous allons alors nous obliger à pratiquer à ce moment là les exercices de gestion du stress que nous connaissons afin de revenir à plus de calme et de sérénité.

C'est ce que j'appelle la gestion « Pompiers ». Ça permet d'éteindre le feu, mais ça a quand même (un peu ?) brûlé.

C'est la première étape de la gestion du stress.

Installer un signal d'alarme de montée du stress

Aller plus loin dans la gestion du stress :

Nous verrons dans un autre article comment mettre en place l'étape suivante encore plus efficace : la gestion « Prévoyance ».

Et vous quels sont les signaux d'alarmes du stress que vous pouvez repérer en vous ?

Quels exercices anti-stress décidez-vous de faire quand vous les remarquerez ?

CES PETITS TRUCS QUI FONT LES GRANDS RESULTATS

Et maintenant, c'est à vous !

J'ai compilé, pour vous aider, des trucs testés et validés par moi-même, mes clients et les personnes que j'ai formé ou coaché.

C'est une première approche qui va vous permettre de constater par vous même que VOUS pouvez agir et avoir de l'impact sur votre niveau de stress.

Je vous propose de débuter avec des méthodes très différentes les unes des autres. Le but avoué : que vous trouviez celle qui vous parle le plus, celle qui vous correspond le mieux....et surtout, testez !!

J'en ai profité pour partager avec vous les articles de mes collègues blogueurs réunis autour de stress. Je vous laisse découvrir leurs propositions, il y quelques surprises !

Comment transformer votre vie
avec ce blog anti-stress ?

Ce blog n'a pas été conçu pour être seulement lu, mais pour vous aider à changer votre vie !

Libérez vous de votre stress pour de bon !

Vous pouvez apprendre beaucoup de choses en parcourant les différents articles de ce blog.

Mais si votre objectif est de vraiment changer ce qui se passe dans votre vie, alors il va falloir passer à l'action.

Seule la pratique anti-stress vous libèrera du stress

L'apprentissage théorique est passif, alors que l'action est active.

Si vous ne faites qu'ingurgiter des connaissances, vos circuits neuronaux d'action ne sont pas sollicités.

C'est comme si vous appreniez qu'il y a une autoroute qui a été construite et qui fait économiser 1 heure de transport. Tant que vous continuez à prendre votre ancien itinéraire, votre temps de parcours ne pourra pas vraiment se réduire.

De la même manière si vous ne faites que lire les articles anti-stress de ce blog sans rien mettre en pratique, votre stress ne risque pas de diminuer lui non plus.

En fait il peut même augmenter car vous ajouterez à votre stress habituel, celui d'avoir la sensation que vous pourriez y faire quelque chose si vous vous preniez vraiment en main.

Alors pour sortir de cette impasse, pour prendre l'autoroute anti-stress de votre vie qui mène vers le pays zen, je vous encourage à agir.

L'action grave dans votre cerveau de nouveaux circuits neuronaux.

Si vous voulez que ces circuits deviennent automatiques, il va falloir les solliciter pendant au moins 21 jours.

C'est pourquoi, je vous demanderai de tester pendant au moins 21 jours avant de vous faire une opinion définitive.

Et je sais maintenant avec les années et les milliers d'expérimentations faites par des milliers de personnes que tous ceux qui auront le courage de pratiquer les exercices proposés sur ce blog au moins un fois par jour pendant au moins 21 jours obtiendront SYS-TE-MA-TI-QUE-MENTS des résultats absolument ahurissants !

Mais je sais qu'il est parfois difficile d'être assidu quand on est tout seul chez soi.

On se trouve toutes les bonnes excuses pour ne pas le faire,

On se dit non pas maintenant, je n'ai pas le temps, je ne suis pas dans les bonnes conditions, je le ferai plus tard…

Puis plus tard ….

Et plus tard, c'est souvent jamais !

Vous êtes nombreux à avoir ce problème car je reçois pratiquement tous les jours des mails où vous me demandez la solution pour être motivé à pratiquer de façon régulière.

Comment vous aider ?

Pour ceux qui sont dans ce cas là, je suis entrain de réfléchir pour savoir comment je peux vous transmettre les stratégies que j'utilise avec les personnes qui viennent me consulter à mon cabinet.

Malheureusement, je ne suis pas en mesure de tous vous recevoir et vous n'habitez souvent pas suffisamment près de mon cabinet pour envisager de venir me consulter.

Les stratégies efficaces sont les suivantes :

Avoir un système qui vous le rappelle systématiquement.

Avoir à rendre des comptes à des personnes avec lesquelles vous avez pris un engagement.

J'espère avoir rapidement trouvé comment vous offrir un moyen de combiner ces deux stratégies gagnantes !

Les 7 freins principaux qui vous empêchent de combattre le stress

Le meilleur moyen de ne pas réussir à combattre le stress est de ne rien changer à ce que vous faite et ce que vous avez fait jusqu'à présent. Votre vie actuelle, avec votre job ou son absence, avec votre entourage, avec vos activités, avec vos pensées, avec vos émotions vous permettent de maintenir le niveau de stress que vous vivez actuellement. Peut-être même que votre façon de faire actuelle augmente graduellement votre niveau de stress.

Ce niveau de stress vous amène tranquillement et surement vers des maladies diverses et variées et éventuellement un épuisement sous forme de dépression ou de burn-out.

Peut-être même avez-vous déjà expérimenté ces désagréments.

Pour ne surtout rien changer, vous pouvez invoquer les 7 excuses suivantes :

Le manque de temps

Ah, le fameux manque de temps.

C'est vrai que vous n'avez pas le temps de faire tout ce que vous avez à faire.
Déjà au travail, on vous en demande de plus en plus.

On vous demande que ça soit mieux fait et avec moins de personnel. Et je ne vous parle pas du deuxième travail en rentrant à la maison, s'occuper des enfants, du ménage du repas…etc.

Alors si en plus il faut gérer son stress, pas question.

Bon évidemment, vous regardez des séries débiles à la télé, mais ça vous fait du bien, ça vous détends…

Vous ne ratez pas le journal télévisé parce qu'il faut bien se tenir informé…
En vrai, êtes-vous vraiment détendu et content de vous après avoir regardé des séries ?

Et le journal, vous êtes vous déjà amusé à enregistrer un journal télévisé et à le regarder 1 mois, 6 mois ou 1 an après ?

Non   ?
Alors essayez, c'est assez "drôle", ou plutôt consternant : vous verrez que rien n'a vraiment changé.

C'est la crise, il y a des morts et des accidents, et les hommes politiques se disputent et c'est tout.

Ce sont donc deux pertes de temps ou vous pourriez pratiquer des exercices qui changeraient vraiment votre vie.

Et je suis certain qu'en creusant un petit peu, vous pouvez en trouver beaucoup d'autres.

Il y a aussi plein de temps "creux" comme les transports, les ascenseurs, les files d'attentes, les salles d'attentes etc.

Dans lesquels, au lieu de vous ennuyer ou de vous stresser sur le temps qui passe, vous pourriez mettre en pratique quelques exercices anti-stress très puissants et efficaces comme la respiration ou la posture.

Mais ne le faites pas ça risquerait vous permettre de combattre le stress et de changer votre vie. ;-)

La distraction

Je vous vois d'ici entrain de me dire, "oui, si tu crois que c'est facile d'y penser, je ne pense pas à le faire".

C'est sur qu'il est difficile de le faire sans y penser.

Encore que…

Est-ce que vous pensez à vous laver les dents, à prendre votre douche ou à vous maquiller tous les jours ?

Oui ?

Comment vous faites ?

Vous en avez pris l'habitude…

Et comment avez-vous pris cette habitude en le faisant chaque jour.

Comment le faire chaque jour ? Je vous propose trois solutions :

1 : la gestion pompier : éteindre quand ça brule.

C'est à dire faire des exercices antistress à chaque fois que vous vous sentez stressé.

Encore mieux, vous les faites à chaque fois que vous pensez au stress.

2 : la gestion prévoyance réelle : ritualiser une pratique.

Vous décidez par exemple, de faire un exercice antistress à chaque feu rouge, ou à chaque fois que vous rentrez dans un métro, ou à chaque fois que vous marchez dans la rue, ou…

3 : la gestion prévoyance virtuelle (si vous n'arrivez pas à la faire en réel). Vous vous imaginez en train de faire ritualiser une pratique (au feu rouge en métro…etc).

Le fait de vous imaginer en train de le faire va commencer à créer le circuit neuronal de l'habitude dans votre cerveau.

A force de vous imaginer le faire, vous allez finir par en prendre réellement l'habitude.

La procrastination

"...Je commence demain...", comme dit la chanson de Goldman, et combattre le stress demain ne va pas donner de grands changements. CA c'est un gros problème qui concerne énormément de monde.

Cela est dû la plupart du temps à 2 biais cognitifs, 2 mensonges que nous nous faisons à nous-même, 2 erreurs mentales.

Les 2 mensonges

1 : Nous pensons que nous aurons plus de volonté, plus d'envie, plus de motivation plus tard.

Malheureusement, en faisant cela nous oublions que nous sommes déjà en ce moment dans le plus tard d'hier.

Or, demain nous serons dans le présent.

Et dans ce présent nous ne sommes pas plus motivé qu'hier, et nous reportons encore au lendemain.

2 : Nous pensons que ce n'est pas grave de reporter car nous n'avons pas compris comment fonctionne notre cerveau.

Permettez-moi un petit apport théorique.

Chacune de nos nouvelles actions ou de nos nouvelles pensées créent un nouveau circuit neuronal.

Et à chaque fois que nous refaisons ou repensons la même chose, nous renforçons ce circuit neuronal.

Si nous arrêtons d'agir ou de penser de cette façon, nous affaiblissons le circuit neuronal jusqu'à sa disparition complète.

Revenons à la gravité de votre comportement : en reportant vous renforcez votre circuit neuronal du report, et vous affaiblissez le circuit neuronal du passage à l'action.

Et c'est grave car vous perdez du pouvoir.

Le meilleur moyen de contrecarrer cette habitude est de juste commencer à le faire un peu maintenant, au moment même ou vous y pensez.
Même si ce n'est qu'une minute, que 30 secondes, que 10 secondes, car alors vous renforcez le circuit neuronal du passage à l'action !

Le manque de connaissance (pas savoir comment faire)

Une autre excuse courante pour éviter de combattre le stress est d'attendre de savoir comment il faut faire pour passer à l'action.

Comme si nous avions attendu de savoir comment marcher avant de commencer.
Si nous avions fait cela nous serions encore tous en train de ramper à 4 pattes.
Une des meilleures questions à se poser dans ce cas-là est : "Par quoi est-ce que je peux commencer ?"

Même si c'est justement de se renseigner sur les moyens possibles pour gérer votre stress.

Bon si vous êtes en train de me lire, c'est que vous avez trouvé une bonne source de solutions car il y en a des wagons sur ce blog. Et n'attendez pas d'avoir trouvé la solution miracle qui change tout définitivement et sans rien faire.

Elle n'existe tout simplement pas.

En tous cas, malgré des années de recherches en étant en contact avec les scientifiques les plus en pointes dans ce domaine, je ne l'ai pas encore trouvée.

Alors prenez n'importe laquelle des techniques qui vous semblent à votre portée et commencez à la pratiquer tout de suite…

Ou mieux encore, maintenant !

Penser que ce n'est pas possible de changer

Cette excuse-là est certainement une des plus puissantes et des plus dévastatrices car elle est la plupart du temps inconsciente et tellement ancrée en nous que nous n'imaginons même pas pouvoir la remettre en cause.
Or, j'ai une très bonne nouvelle pour vous.

Toutes les études des neurosciences de ces dernières années remettent totalement en cause cette affirmation.

Non seulement nous pouvons changer, mais notre cerveau est d'une malléabilité absolument phénoménale et peut totalement changer ses circuits neuronaux.

C'est à dire que notre cerveau à la capacité de créer de nouvelles habitudes, de nouvelles pensées, de nouveaux comportements, de nouvelles croyances tout au long de notre vie.

Comment utiliser cette plasticité neuronale à notre avantage ?

Tout simplement en pensant ce qu'on a envie de penser, en faisant ce que nous voulons apprendre à faire de façon répétitive et engagée.

C'est un entrainement, tout comme le sportif, l'artiste, ou l'artisan qui répète son geste technique jusqu'à ce qu'il en soit content.

Alors passez à l'action, encore, et encore, et encore jusqu'à ce que vous ayez obtenu le résultat souhaité !

Le découragement

Il peut arriver que nous ne ressentions du découragement, de la fatigue, du ras le bol, que nous n'ayons plus la force de combattre le stress et nous sommes tenté de tout abandonner dans ces moments là.

A quoi est dû ce découragement ?

Il peut avoir de nombreuses causes et la plus fréquente est que nous évaluons notre état actuel par rapport à un idéal.

C'est comme si le petit enfant qui commence à peine à tenir sur ses jambes se comparait à Usain Bolt.

Évidemment que c'est super décourageant...

Et pourtant, même Usain Bolt a été un petit garçon chancelant sur ses jambes.
Et il est tombé comme chacun de nous environ 2 000 fois avant d'être capable de marcher correctement.

Comment éviter le découragement ?

Un des moyens les plus puissants et efficaces pour éviter le découragement tiens en 2 mots : validation et célébration.

La validation consiste à prendre en compte le progrès réalisé par rapport à avant.

A dire à l'enfant, tu as vu tu as fait un pas de plus, tu as réussi à tenir debout 3 secondes de plus qu'avant.

Et la deuxième étape la célébration consiste à se réjouir du progrès réalisé, aussi petit soit-il.

C'est le parent qui prends son enfant dans ses bras en disant un grand bravo et en le serrant dans ses bras parce qu'il a réussi à faire 3 pas de plus avant de s'écrouler dans ses bras.

En validant et en célébrant, non seulement on augmente la motivation, mais en plus on accélère les progrès en renforçant les nouveaux circuits neuronaux de la nouvelle capacité.

Le manque d'assiduité

Le dernier problème dont je voulais vous parler dans cet article est extrêmement répandu, c'est le fait de laisser tomber au bout d'un moment.

Cela est souvent du à 2 erreurs de pensée : le tout ou rien et le piège du différentiel.

Le tout ou rien est la croyance que si on ne fait pas à 100 % alors autant ne rien faire.

C'est ce qui se passe quand on a par exemple décidé de pratiquer un exercice tous les jours et qu'on n'a pas pu le faire un jour.

On se dit alors que tout est foutu et on abandonne.

Pareil quand on commence une hygiène alimentaire, qu'on se met à fairede la méditation, du sport ou qu'on arrête de fumer.

Parce qu'on a craqué une fois, comme on n'est plus à 100 % de réussite, on croit qu'on est redescendu à 0 %, ce qui est extrêmement décourageant.
Alors qu'en fait on est juste descendu de quelques %.

On est toujours nettement mieux et plus proche de la réussite que quand on n'avait pas commencé.

Focalisons nous alors sur les progrès réalisés précédemment pour utiliser ce moment de faiblesse comme un sursaut de motivation pour reprendre les bonnes habitudes.

Le piège du différentiel est un piège insidieux et très peu connu. En deux mots, cela veut dire qu'on voit mieux les progrès au début d'une activité qu'au bout d'un moment.

Par exemple si vous commencez à pratiquer de la respiration profonde et abdominale pour être plus détendu, relaxé et moins stressé, vous allez en ressentir un effet important rapidement. Car si votre niveau de stress était à 9 sur 10, il peut rapidement descendre à moins de 4, ce qui fait une énorme différence.

Ensuite, si vous continuez à pratiquer régulièrement, vous allez peut-être arriver à descendre à 3, cela ne fait plus qu'un point de différence.

La conclusion erronée que nous faisons souvent à ce moment là est que ça ne marche plus.

Alors qu'en réalité, c'est parce que nous sommes moins stressés que nous ne sentons plus une grande différence.

Il est donc important de continuer à pratiquer assidument pour entretenir et continuer à profiter des bienfaits antistress de cette respiration.

Lesquels de ces pièges sont-ils les plus dangereux pour vous et comment allez-vous faire pour les éviter et réussir à combattre le stress ?

Qui nourrissez-vous,
Mister stress ou Mister Zen ?

Les pensées que nous répétons sont celles que nous renforçons !

Est-ce que nous renforçons celles qui nous stressent ou celles qui nous calment ?

Nous avons tous à l'intérieur de notre tête un certain nombre de pensées.

Nous pourrions les diviser en deux catégories :

D'un côté les pensées qui nous font stresser, qui aggravent la situation, qui nous montrent tous les problèmes que nous pourrions avoir.Si nous devions les attribuer à un personnage, nous pourrions l'appeler Mister stress.

D'un autre côté les pensées qui nous donnent de la confiance en nous, qui trouve des solutions, qui nous montre toutes les opportunités qui nous entourent.

Et si nous devions aussi les attribuer à un personnage, nous pourrions l'appeler Mister Zen.

Ces deux personnages se disputent la priorité dans notre cerveau.

Chacun d'eux occupe aujourd'hui un certain pourcentage de vos pensées.

Le plus gros pourcentage est occupé par le personnage qui a été le plus nourri, le plus entretenu jusqu'à aujourd'hui.

La bonne nouvelle, c'est que vous pouvez donner la priorité à celui de votre choix.

En effet, chacune de vos pensées nourrit l'un de ses personnages, et affame l'autre.

Chaque fois que vous avez une pensée négative, une pensée qui dit du mal de vous, une pensée qui vous déprécie, une pensée qui vous montre le côté sombre et difficile de la vie, vous nourrissez Mister stress.

Par contre, à chaque fois que vous avez une pensée positive, une pensée qui dit du bien de vous, une pensée enthousiasmante, une pensée qui vous montre le côté joyeux et passionnant de la vie, vous nourrissez Mister zen.

Nourrissez-vous Mister Zen ?

Alors, qui décidez-vous de nourrir ? Peut-être que votre Mister Zen n'occupe aujourd'hui qu'une pensée sur 1000.

Cela n'a aucune importance.

Rajouter simplement une pensée positive en plus maintenant !

Puis rajoutez en une en plus quand vous y penserez.

Puis encore une en plus !

Puis encore une en plus !

Et ainsi de suite, vous allez nourrir votre Mister Zen interne, et affamer votre Mister stress.

Votre Mister Zen interne va alors progressivement grandir, prendre de la force, et prendre de plus en plus de place dans votre cerveau.

Et inversement, votre Mister stress interne va perdre de la puissance, va s'étioler, et laisser de plus en plus de place aux pensées positives.

Chaque pensée positive et moment de bien-être renforce votre coté Zen !

Comment augmenter l'efficacité ?

Une très bonne façon de nourrir votre Mister Zen est de pratiquer les exercices, les séances de sophrologie qui sont disponibles sur à la fin du livre et sur le blog.

La puissance de ces exercices et de ces séances est telle qu'elle va littéralement booster votre Mister Zen.

De la même manière, rechercher toute les lectures positives, toutes les personnes positives, et éviter au maximum toutes les informations négatives et toutes les personnes négatives.

De manière générale, dans tout ce que vous faites, posez vous la question suivante : « suis-je en train de nourrir Mister zen ou Mister stress ?

Comment allez-vous pouvoir mettre en pratique ces conseils ?

Face au stress, à quel moment devez-vous passer à l'action ?

La première réponse de base à cette question est évidemment pour un casse-cou comme moi : le meilleur moment pour passer à l'action est maintenant !

Mais pour de nombreuses personnes, cela peut poser deux problèmes qui empêcheront toute réussite : d'une part certains ne passeront pas à l'action, et d'autre part les autres ne se relèveront pas d'un échec.

C'est pourquoi, j'aime bien parler du :

« Pessimisme de la pensée » et de « l'optimisme de l'action «

Partir au bon moment

Prenons un exemple : quand je donne une formation à des apprentis sophrologues, il arrive un moment où c'est à eux de se lancer pour mener des séances.

Pratiquement tous les stagiaires qui sont passés dans mes stages ont été stressés, voire très stressés quand je leur ai demandé la première fois lequel d'entre eux voulait animer la première séance.

Preuve en est que, en général, il y a à ce moment là un grand silence et tout le monde a justement quelque chose de très important à chercher dans ses notes qui l'oblige à garder les yeux obstinément baissés pour ne pas avoir à croiser mon regard.

Que ce passe-t-il à ce moment là dans la tête des stagiaires ?

Ils ont une grosse montée de peur, de stress, car ils se pensent incapables d'y arriver.

Ils ont en tête tout un tas de pensées irrationnelles du genre :« tout le monde va se moquer de moi, je ne vais pas trouver les mots, je vais oublier tout le déroulement, tout le monde saura que je suis nul, j'y arriverai pas...etc. »

Et comme ils sont en stress, ils ne sont pas sensibles à mes arguments.

De plus je n'ai pas le temps d'argumenter avec chacun. Alors comment faire pour les faire sortir du stress et de ces pensées en boucles?

La stratégie la plus efficace et la plus formatrice que j'ai trouvé est l'action elle-même.

Vous allez me dire que c'est justement ce qu'il ne parviennent pas à faire.

Tout à fait, et la raison principale résumée en quelques mots est la suivante :

Ils s'en font une montagne !

Notre stress transforme un caillou en montagne

Il va donc falloir transformer cette montagne en éléments plus petits et faciles à réaliser.

Je propose donc le plan de la montagne (la séance complète).

Puis, je la découpe en petites séquences.

J'explique ensuite en détail chaque étape de cette séquence. La montagne est alors réduite en une succession de petits cailloux (détails) beaucoup moins impressionnants.

Les stagiaires n'ont plus alors qu'à suivre ce plan.

Mais c'est la phase de réalisation qui va permettre de vraiment valider leurs capacité à mener la séance.

Même avec la meilleure théorie du monde, c'est quand même en forgeant que l'on devient forgeron.

Et c'est en sophronisant que l'on devient sophrologue !

Et d'après vous, quelle est la réflexion que j'entends le plus souvent une fois qu'ils ont animé leurs premières séances ?« Ah, et bien, j'ai trouvé ça plus facile à faire que je ne me l'étais imaginé ! »Ce qui confirme bien mon expression « le pessimisme de la pensée et l'optimisme de l'action ».

Avant de commencer, vérifiez s'il n'y a pas de véritable danger !

Alors si nous revenons à notre question première :« A quel moment devons-nous passer à l'action ? »

Je dirais que cela dépends du degré d'optimisme et de la capacité à rebondir et à apprendre de la personne qui va faire l'action. C'est à dire que plus une personne est capable de supporter et de tirer une leçon d'un échec et plus elle pourra se lancer tôt dans l'action. Le seul véritable danger qui nous empêche de réussir est de s'arrêter avant de réussir. Comme dit l'expression populaire : « ce n'est pas grave de tomber 100 fois si on se relève 101 fois ! »

Et cela me rappelle une statistique étonnante qui nous concerne tous : savez-vous combien de fois en moyenne, vous êtes tombé avant de parvenir à maîtriser la marche sur vos deux pieds ?

Tomber 2 000 Fois, se relever 2 001 fois

En moyenne chaque enfant chute 2 000 fois avant d'arriver à marcher correctement.

Il ne se pose aucune question, il est 100 % optimiste.

Chacune de ses chûtes reste un apprentissage pour affiner l'essai suivant.

C'est pourquoi, il n'a pas besoin de réfléchir avant d'agir.

En agissant d'abord, il acquiert de l'expérience.

Plus il a d'expérience, plus il a de chances de réussir. Donc chacune de ses chutes augmente ses chances de réussites.

Alors à quel moment passer à l'action ?

Si vous êtes sur de vous relever et qu'il n'y a pas de véritable danger, le meilleur moment c'est le plus vite possible pour commencer à gagner de l'expérience !

Si, par contre vous avez besoin de muscler la confiance en vous, lancez vous de petits défis que vous êtes sur de pouvoir réaliser...

Comment diviser son stress par 2
en moins de 3 semaines ?

Remplir son compte émotionnel

J'utilise souvent la métaphore du compte émotionnel car elle permet de bien comprendre ce qui se passe en nous. C'est comme si nous avions un espèce de compte bancaire interne dont la monnaie ne serait pas de l'argent mais une monaie émotionnelle. Chaque évènement stressant effectue un retrait sur ce compte émotionnel. Mais chaque évènement ressourçant rempli ce compte émotionnel. Et notre réactivité, notre façon de réagir aux évènement de la vie est directement proportionnelle à l'état de remplissage de ce compte.

C'est à dire que nous réagissons d'autant mieux et d'autant plus sereinement que notre compte émotionnel est bien rempli.

Prenons par exemple une métaphore financière. Imaginons que nous avons une voiture qui vaut 4 000 € et qui est notre seul moyen de locomotion pour nous rendre sur notre lieu de travail. Supposons que cette voiture soit détruite et qu'aucune assurance ne soit prête à la rembourser. Votre réaction serait elle la même si vous étiez endetté de 10 000 €, si vous étiez tout juste à 0,00 €, si vous aviez 10 000 € de coté, ou si vous aviez épargné 100 000 €. Evidemment que non, vous seriez soit catastrophé et hyper stressé, soit presque content d'utiliser cette opportunité pour changer de voiture. La seule différence n'est pas dans l'évènement (la voiture détruite) mais dans la réserve financière que vous avez pour faire face à cette difficulté.

De la même façon, vous réagissez différemment en fonction de l'état de votre compte émotionnel. Pour encore mieux le comprendre, il vous suffit d'imaginer comment vous réagissez à une remarque désobligeante en soirée en fonction de ce qui s'est passé dans la journée. Si vous avez reçu des félicitations, des marques d'affection et d'estime, vous allez beaucoup mieux réagir que si vous êtes disputé plusieurs fois et qu'on vous a fait des reproches plusieurs fois dans la journée.

Nous allons donc apprendre à créditer notre compte émotionnel en y faisant des dépôts automatiques, un peu comme si vous aviez des revenus automatiques sur votre compte en banque.

Résultats perceptibles au bout de quelques jours de pratique et qui durent longtemps quand l'automatisme est bien ancré.

Sortir la tête de l'eau

Le but de la gestion du stress n'est pas de le faire totalement disparaitre, car cela voudrait dire que nous ne sommes plus vivants. La vie nous amène son lot quotidien de situations plus ou moins stressantes.

La souffrance engendrée par ce stress vient de plusieurs facteurs :

Nous nous fatiguons

A force d'être stressé en permanence et de ne pas arriver à se relaxer, ni à se reposer, le corps, le mental et surtout l'émotionnel fatigue et s'épuise.

Nous allons donc devoir apprendre à récupérer de l'énergie, à faire des pauses, à apprendre à notre physiologie des réflexes de repos, de récupération automatisés et systématiques. De la même façon que nous prenons notre douche tous les jours, que nous allons nous coucher tous les soirs ou que nous nous lavons les mains après être allé aux toilettes, nous allons créer des habitudes antistress. Ces habitudes de récupération doivent être prises dans toutes les échelles du temps du microscopique au macroscopique.

La plus petite échelle de temps utilisable, mais aussi la plus puissante est celle de la respiration.

Nous allons donc apprendre à notre physiologie à récupérer de l'énergie à chaque respiration.

Ensuite, il sera important de se ménager des micro récupérations de quelques minutes dans chaque heure, de quelques dizaines de minutes dans chaque demi journée, de quelques heures chaque jour (notamment le sommeil). Il faudra aussi penser à récupérer quelques demi journée par semaine, quelques jours par mois et quelques semaines par an. Et la mauvaise nouvelle, c'est que si nous ne le faisons pas de gré, notre organisme nous le fera faire de force, par l'intermédiaire de la maladie, de la dépression ou du burn-out.

Résultats perceptibles dès la première pratique et en progrès réguliers

Nous n'arrivons pas à prendre du recul

Une autre difficulté est d'arriver à ne plus être focalisé sur les agents stressants, à prendre du recul, à dédramatiser. Pour cela il y a deux solutions que nous pourrons mettre en oeuvre, apprendre à diriger et à focaliser sa pensée ou l'on veut d'une part, et d'autre part apprendre à voir les choses de façon plus réaliste, à évaluer les conséquences réelles et précises de ce que nous vivons.

Résultats perceptibles dès que la prise de conscience est différente, et en progression perpétuelle avec la pratique.

Nous nous sentons désemparés car nous ne savons pas quoi faire, ni comment le faire.

Un autre problème pour arriver à gérer son stress est de savoir comment faire. Malheureusement la plupart d'entre nous ont fréquenté des écoles dans lesquelles on nous appris à lire et à compter mais absolument pas à gérer notre stress et nos émotions. Nous allons donc apprendre à utiliser des outils efficaces, puissants, facilement disponibles, de préférence gratuits à utiliser (même si ça nécessite un investissement de départ), qui permettent de prendre en main notre vie émotionnelle et de faire baisser notre niveau de stress.

Nous nous sentons débordés

Sur le moment : stress aigü

Il peut arriver que certaines situations extrêmes ou que notre niveau de réactivité soit tel que nous perdions complètement nos moyens. Les situations extrêmes peuvent nécessiter un accompagnement particulier. Par contre si votre réactivité est importante, c'est très souvent le signe d'un épuisement émotionnel.

Nous apprendrons donc des techniques de renforcement qui vont vous aider à créditer votre compte émotionnel et qui feront par conséquent baisser votre hyper-réctivité.

Il peut arriver aussi que cette hyper réaction soit pathologiques et soit le signe d'une mémoire traumatique émotionnelle ; il sera alors judicieux de la nettoyer avec des techniques de nettoyage émotionnel comme NERTI (Nettoyage Emotionnel Rapide Traumatismes Inconscients)

Résultat instantané et définitif du nettoyage

En permanence : stress chronique

Le plus dangereux dans le stress est sa chronicité, le fait que cela ne s'arrête jamais. Nous allons donc apprendre à détecter nos facteurs de stress, à comprendre les stratégies mentales qui nous entretiennent dans ce stress pour ensuite les remettre en cause pour permettre d'insérer des plages de récupération.

Résultats progressifs au fur et à mesure de la pratique

Utiliser le stress positivement

Et enfin le Graal, de la gestion du stress, le bouquet final, la cerise sur le gateau est d'arriver à utiliser positivement le stress pour se donner de l'énergie, du courage, de la motivation, de la puissance, de la créativité…etc.

Pour cela nous allons étudier les meilleures stratégies mises à jour par la psychologie positive pour tirer le meilleur parti des différentes péripéties plus ou moins agréables ou stressantes de nos vies.

Résultats perceptibles dès la première pratique et en progressivement de plus en plus efficaces.

Témoignages de participants

Toute cette théories est bien jolie mais est-ce que ça marche vraiment pour les vraies personnes comme vous qui sont confrontées à ce stress depuis si longtemps. Permettez-moi tout d'abord de témoigner de ce que cela a vraiment changé en moi comme vous pouvez le lire dans l'article "Comment je me suis libéré du stress ?"

Ensuite, plutôt que d'argumenter la dessus, le mieux est de vous délivrer quelques témooignages des participants à mes formations anti-stress

Carine :

J'essaie d'utiliser la respiration lente et profonde dans des moments de stress, ce qui me permet de décompresser plus facilement. Je n'attend pas d'être à bout pour évacuer le stress, et le fait de pratiquer des exercices différents au quotidien permet d'utiliser celui qui me semble le plus adéquat en situation stressante.

J'arrive à mieux gérer certaines situations .La formation est bien tombée cette semaine, car elle a été pour moi très difficile au niveau émotionnel, et je me suis laissée emporter par mes émotions.Les exercices m'ont aidée à relativiser, et à apaiser mon mental qui s'était emballé sur le moment. J'arrive donc à apaiser mes tensions physiques avec douceur, et je suis plus disponible pour gérer ma situation familiale très compliquée (enfant handicapé entre autres...)

Je prends plus de recul face aux situations stressantes,

Virginie :

Je me sens plus forte, plus unifiée mais aussi plus gaie. J'ai souvent envie de rire ou je perçois davantage l'aspect comique des situations quotidiennes.
Je me sens plus active pour écouter mes propres besoins, plus à l'écoute de mes propres choix sans culpabiliser.

Albert

Gestion du sur stress plus facile. Etats de sur stress moins fréquents. Sentiment d'être moins vulnérable au stress moyen.

Sentiment d'être protégé du stress communicatif des autres (entourage, collègues).

Les situations stressantes semblent rester en surface sans m'atteindre en profondeur.

Je me sens protégé du stress ambiant. Il ne m'atteint plus. Je suis spectateur, pour moi il est étranger, il n'a pas sa place.

Christiane

Le matin débuter par de la respiration avant de démarrer la journée . Savoir que le soir je pourrai faire la séance pour évacuer le stress de la journée ; penser dès que le stress arrive à utiliser certains exercices tout de suite pour éviter qu'il ne s'installe trop.

Un début de confiance en moi.

Une meilleure réaction au stress lors d'une visite pour me présenter à mes nouveaux collègues de travail.

Une plus grande facilité à dialoguer avec ces personnes inconnues avec lesquelles je dois travailler. La sensation d'être plus à l'aise dans mon corps et de me poser un peu moins de questions.

Un plus grand calme pour réagir à des situations conflictuelles plus de recul et de lâcher prise face à des attitudes agressives.

Une approche plus calme des réunions ou situations porteuses de stress et anticipées. La capacité de réagir en amont de ces situations potentiellement stressantes.

Une plus grande facilité à aller vers les autres surtout inconnus en étant et me sentant plus à l'aise dans mon corps et plus confiante en moi.

Une sensibilité accrue pour apprécier la vie et l'instant présent.

Conclusion

Nous pourrions continuer longtemps ces exemples mais ce n'est pas le but de cet article.

Le but est simplement de vous montrer qu'il est possible de gérer votre stress de façon efficace, facile et durable.

Pour répondre à la demande sans cesse grandissante et comme je ne suis pas sûr que le clonage biologique soit vraiment au point, j'ai décidé de me cloner technologiquement.

Pour cela, j'ai mis en place des formations en ligne qui reprennent toutes mes connaissances, les techniques les plus avancées et celles que j'ai moi-même conçues pour vous accompagner pas à pas vers votre vie libre du stress, sereine et épanouie, comme l'ont déjà expérimenté les milliers de personnes que j'ai déjà accompagnées, en cabinet, en formation ou en ligne.

Stoppez instantanément votre mental stressé, pour repartir sans stress

Posez la question suivante à des personnes stressées :

« Qu'est-ce qui vous dérange le plus dans le fait d'être stressé ? »

La réponse la plus courante que vous risquez de recevoir est étonnamment : « de me sentir stressé ».

Le plus gênant dans le stress est la sensation d'être stressé !

Elle auto-alimente le stress lui-même, dans un cercle vicieux dont on n'arrive pas à sortir.

Le meilleur moyen de se libérer de cet engrenage infernal est de le stopper net !

Soit en mettant une cale dans l'engrenage, soit en sautant en dehors du cercle vicieux.

Comment faire cela, allez-vous me dire ?

La posture anti-stress

La cale dans l'engrenage va pouvoir se faire en modifiant notre physiologie.

Pour obliger notre mental à s'arrêter, nous allons mettre notre corps dans une posture qui empêche totalement le mental de continuer à alimenter des pensées stressantes.

Je ne vous demande pas de me croire, mais je vous demande de tester réellement ce que je vais vous proposer.

Commencez par évaluer votre niveau de stress immédiat pendant que vous lisez ces mots, sur une échelle de 0 à 10.

Notez le chiffre sur un papier devant vous.

Puis prenez la posture suivante : levez le menton à l'horizontale, écartez les bras le plus largement possible avec les mains grandes ouvertes, sortez la poitrine, écarquillez les yeux, faites un grand sourire de clown le plus large possible !

Gardez cette position pendant au moins 1 minute !

Si vous éclatez de rire et vous trouvez parfaitement ridicule, c'est normal !

Réévaluez maintenant votre niveau de stress et observez la différence !

Incroyable non ?

Et en une minute seulement !

Félicitez-vous de ce résultat et célébrez-le comme un champion olympique qui vient de gagner la médaille d'or !

Cette posture court-circuite automatiquement les habitudes de rumination en mettant votre cerveau en vacance.

Et le seul fait de ne plus alimenter le stress suffit à le faire baisser naturellement.

Sautez en dehors du cercle vicieux du stress

Pour sauter en dehors du cercle vicieux, nous allons utiliser la respiration et la visualisation.

Encore une fois, ne me croyez pas ! Mais testez réellement l'impact sur vous ici et maintenant ! Pas demain ! Car nous savons vous est moi que demain est souvent le synonyme de jamais.

Comme pour l'expérience précédente, commencez par évaluer votre niveau de stress et notez-le.

Ensuite commencez par ralentir votre respiration et à la rendre plus ample.En d'autres termes, prenez plus d'air par respiration et respirez moins vite !

Tout en faisant cela, imaginez un endroit paisible que vous aimez bien, ou laissez venir une couleur qui vous plait beaucoup. Lorsque vous inspirez, vous allez imaginer que vous inspirer, soit la couleur soit la paix du paysage, pour en remplir vos poumons. Puis, en soufflant, vous allez imaginer que vous soufflez cette couleur ou cette paix dans votre corps.

Continuez comme cela au moins pendant une dizaine de respiration, et savourez ce que vous sentez dans votre corps !

Quand vous en avez suffisamment profité, vous pouvez évaluer votre nouveau niveau de stress et noter la différence.

Étonnant non ? Célébrez encore une fois votre victoire pour signaler à votre corps et à votre esprit que c'est cela que vous voulez vivre automatiquement tous les jours. Ces exercices mettent automatiquement votre mental stressé en vacance !

C'est comme si vous appuyez sur le bouton « pause » de votre télécommande !

Et la bonne nouvelle, c'est que vous avez en permanence cette télécommande sur vous.

El qu'elle n'attend que votre action pour envoyer ses ordres…Alors, vous vous y mettez cette fois ?

Comment ne pas stresser ?
Faites la chaussette !

Stress = Tension !

Comme vous le savez, le stress et les tensions musculaires sont intimement liés. Plus on est stressé, plus nos muscles ont tendance à se tendre, à se bloquer et on finit par se retrouver tendu comme une corde de guitare.

En même temps, plus on est tendu musculairement, plus on dépense de l'énergie à maintenir cette tension, moins on a d'énergie à consacrer à la véritable résolution de nos problèmes.

Tension = Fatigue !

Cette énergie qui nous manque limite notre efficacité .

Comme nous sommes moins efficaces les problèmes se résolvent moins vite et nous sommes encore plus stressés .

Nous avons donc là, un magnifique cercle vicieux qui s'auto-renforce !

Le plus grave dans tout ça, c'est que nous n'en n'avons même pas conscience.....sauf quand notre corps épuisé nous envoie des signaux d'alarme sous forme de douleur lancinante.

Quand ça fait mal, c'est déjà un peu tard

Comment ne pas stresser : détendez-vous !

Ce que je vous propose donc de faire aujourd'hui, c'est de vous aider à lâcher toutes vos tensions d'un seul coup !

Plus facile à dire qu'à faire me direz-vous ?

Peut-être pas…

Des exemples pas stressés :

Quelle est selon vous l'animal domestique le moins stressé du monde ?Le chat évidemment !

Avez-vous déjà caressé un chat tendu comme une corde de guitare ? Moi, jamais…

114

Et si vous avez déjà soulevé un chat en train de dormir, vous avez certainement remarqué qu'on peut même se demander s'il y a encore des muscles et des os à l'intérieur.

Comment ne pas stresser ? Faites la chaussette !

Un autre exemple plus drôle et qui justifie le titre, avez-vous remarqué le tonus d'une chaussette, ou, mesdames, d'un collant quand vous n'êtes plus dedans ? C'est assez mou n'est-ce pas ?

J'aurais aussi pu citer un ballon de baudruche dégonflé ou une méduse échouée sur la plage. Je vous cite ces exemples pour vous montrer le niveau de tonus que je vous propose d'avoir pendant quelques instants.

Comment allons-nous faire ça ?

Je vous propose tout simplement de vous laisser vous affaler là où vous êtes avec le tonus d'une vieille chaussette ou d'un vieux collant.

Pour cela je vous propose de laisser vos bras ballants, de laisser tomber votre tête (attention quand même à la poser sur quelque chose de confortable) de laisser pendre votre visage, de laisser votre mâchoire s'ouvrir et de laisser votre corps devenir le plus mou possible.

Si un filet de bave coule de votre bouche, vous êtes au top !

Encore plus fort !

Une autre façon de faire, encore plus efficace et beaucoup plus marrante, est de se laisser tomber dans un fauteuil confortable ou sur un matelas, la tête dans un oreiller.

Affalez-vous sur un oreiller ! Et savourez !

Si vous avez la chance d'avoir à portée de main un de ces deux accessoires, je vous encourage à vous jeter dedans, en savourant pleinement ce pur moment de bien-être et de lâcher prise…Et même de recommencer plusieurs fois !

Faites le test tout de suite !

Un anti-stress peu connu, faites le ménage !

Un des symptômes courant du stress est la confusion mentale.

Quand nous sommes trop stressés, nous sommes bombardés d'une multitude de stimuli, d'informations et de pensées qui semblent tourbillonner dans notre cerveau.

Nous sommes alors incapables de réfléchir, de prendre des décisions saines ou de faire preuve de créativité.

Une bonne façon d'arrêter ce tourbillon et de se débarrasser de ce qui encombre notre esprit.

C'est pourquoi je vous propose aujourd'hui de faire un grand ménage, de faire le tri et de vous débarrasser de tout ce qui est inutile dans votre vie.

Libérez-vous de la confusion mentale pour être moins stressé

Débarrassez vous de vos vieilles affaires !

Commençons par ce qui est souvent le plus simple :

Faites le tri dans vos armoires.

Pour cela, je vous propose une méthode très simple :Éliminez systématiquement tout ce que vous n'avez pas porté la saison précédente. Par exemple, si nous sommes en hiver, débarrassez-vous de tous les vêtements d'été que vous n'avez pas porté pendant l'été précédent.

Vous pouvez les jeter, mais s'ils sont encore en bon état, vous pouvez les offrir à des personnes qui en ont besoin, ou en faire don à des associations caritatives.

Vous aurez alors en bonus le plaisir d'offrir et d'être généreux.

Libérez votre stress en libérant vos armoires

Débarrassez-vous des vieilleries !

Ensuite, je vous propose de vous libérer aussi de toutes les vieilleries qui traînent dans vos placards, vos débarras et autres greniers. Vous vous rendrez compte ainsi que vous gardez inutilement des tas de choses qui ne vous servaient plus depuis des années, qui sont souvent totalement inutilisables et qui ne vous serviront jamais.

Quand vous aurez éliminé toutes ces choses inutiles, vous remarquerez sans doute un profond soulagement. Mais nous n'allons pas nous arrêter là.

Faites le tri dans vos activités

Si vous listez toutes vos activités, vous allez vraisemblablement vous rendre compte que certaines de ces activités vous prennent beaucoup de temps et beaucoup d'énergie alors qu'elles ne vous apportent aucune satisfaction, (ou si peu), ni à vous ni à votre entourage.

Ce sont souvent des obligations qui ont parfois été utiles à une certaine époque, et que nous continuons à faire par habitude, par sens du devoir ou par respect des conventions.

Si vous trouvez de telles activités inutiles, (et il y en a plus que vous ne le pensez) débarrassez-vous en le plus rapidement possible.

Pour être moins stressé, éliminez les activités inutiles !

C'est souvent difficile car nous sommes englués dans nos habitudes.

Quand vous vous vous serez débarrassés d'une ou de plusieurs de ces activités chronophages et énergivores, vous pourrez expérimenter une grande sensation de liberté, de clarté mentale et d'énergie.

Mais nous pouvons encore aller plus loin.

Faites le tri dans vos relations

Ce dernier tri est souvent celui qui est le plus difficile et le plus sujet à controverse.Mais c'est aussi celui qui peut radicalement changer votre vie. Une bonne proportion des personnes qui viennent me consulter au cabinet ont comme principale source de problèmes dans leur vie, une ou plusieurs relations toxiques.

Qu'est-ce qu'une relation toxique ?

Ce n'est pas une relation gagnant – gagnant dans laquelle chaque protagoniste trouve son compte.

C'est au contraire une relation dans laquelle une des personnes (parfois les 2) est diminuée, amoindrie, stressée et/ou anéantie dans sa personnalité.

Les relations toxiques sont une énorme source de stress !

Si vous vous trouvez dans une relation de ce type, faites tout votre possible pour y mettre un terme.

Et si vous n'y parvenez pas par vous-même, faites-vous aider par un professionnel compétent.

Quand vous serez libéré de cette relation toxique, vous allez expérimenter une joie de vivre et un enthousiasme bien supérieur à vos rêves les plus fous.

Et vous, quel tri avez-vous déjà fait ? Quels en ont été les bénéfices ?

Game of Thrones : 7 conseils au Roi Joffrey pour améliorer sa prise de décision :

de Bastien du blog « je suis ce que je veux être »

Pauvre Joffrey, toujours à prendre des mauvaises décisions. Pourquoi exécuter Ed Stark, son opposant, alors qu'un simple bannissement dans la Garde de nuit lui aurait permis d'éviter une guerre ? Il semblerait que ce malheureux Roi Joffrey, victime de son mode mental automatique, soit incapable de faire les bons choix au bon moment. Et pourtant des solutions simples existent pour améliorer son discernement.

Jacques Fradin, dans L'intelligence du stress, nous renseigne sur deux modes mentaux qui influent sur notre perception des choses et notre prise de décision et d'action :

le mode mental automatique : c'est l'esprit binaire opposant le vrai au faux, le bien au mal. Ce mode mental gère efficacement nos comportements routiniers mais il devient inadapté lorsqu'un changement brutal vient perturber notre quotidien

-le mode mental préfrontal : c'est l'esprit d'ouverture qui permet de voir les choses dans leur globalité. Il nous incite au questionnement, à la recherche et à la créativité. Il coordonne également nos compétences pour faire face au stress et aux situations complexes.

Joffrey, voici quelques stratégies d'aide à la prise de décision :

Méfie-toi des habitudes et reconnais les dérives de ton mode mental automatique

Zen Joff... réapprends des habitudes zen. Tu ne peux pas continuer sur cette lancée, tu vas nous faire un infarctus dû au stress !

1/ Sors de la routine

Malgré ton jeune âge Mon roi, tu restes enfermé dans ton château, dans tes habitudes. Cela provoque chez toi un rejet de la nouveauté et une peur de l'exploration. Rappelle-toi ton attitude « héroïque » lors de l'attaque de Port Réal : tu n'as pas trop eu le goût du combat hors des portes de ton précieux fort, alors que tu fanfaronnes souvent à l'intérieur de ses murs. Pourquoi n'essaierais-tu pas plutôt de sortir prendre l'air et de faire des nouvelles rencontres ; autour d'une bonne chasse ausanglier bien arrosée, par exemple.

2/ Affranchis-toi du jugement des autres

Tu accordes une trop grande importance au regard des autres. Cela provoque chez toi un manque d'initiative flagrant lié à un sentiment permanent d'être jugé. Souviens-toi, tu as été incapable de prendre une décision lorsque la future reine Margaery a voulu entrer dans l'orphelinat du Culpucier ! Tu étais pris de panique à l'idée de lui dire quelque chose. Fais comme elle : sois sûr de ton choix et ignore les qu'en-dira-t-on. Elle n'a pas attendu ton autorisation pour aller souiller sa robe au contact de la plèbe, elle !

3/ Nuance ta vision des choses

Tu manques de nuance très cher seigneur, et tes réactions sont excessives. On ne décide pas au dernier moment, sans concertation, de couper la tête d'un rival, tout ça parce que ton peuple en transe t'y encourage et que tu as un faible pour la torture. Ned Stark est irritant avec toute sa perfection et son honneur, je te l'accorde, mais ce n'est pas une raison. Tu as pris ta décision dans la précipitation car tu te sentais en terrain conquis. Ta vision des choses est aussi tranchée que la caboche de Stark. Il te faut prendre le temps d'appréhender la complexité des situations. Tu viens d'énerver tous ces sauvages des royaumes du Nord avec tes bêtises !

Sors de ta zone de confort, utilise ton mode mental préfrontal

4/ Fais preuve de curiosité sensorielle

Il y a d'autres choses à faire à une femme, Joffrey, que de la torturer ou de la tuer. Libère tes sens et découvre les nombreux autres plaisirs issus de la compagnie d'une femme. Fais preuve d'un peu de volonté, tu peux y arriver. Range ton arbalète chérie au placard !

5/ Accepte le monde tel qu'il est

Adopte un comportement plus fluide, plus adaptable, jeune Roi. Accepte que l'échec soit une source d'apprentissage, d'enrichissement et de renouveau. Je sais que tu es resté éternellement frustré lorsque Arya, la petite Stark, t'a vaincu à l'épée et blessé au visage pour défendre ce vulgaire garçon boucher que tu voulais légitimement occire en punition de son outrecuidance. C'est dur de perdre, mais ne te voile pas la face, apprends de tes erreurs et renforce-toi. Ne fais pas l'autruche !

6/ Apprends à relativiser

Prends du recul Joff ! Un bon dirigeant se doit d'avoir conscience de la relativité des visions subjectives. Tu dois comprendre le regard de chacun. Ton oncle Tyrion, par exemple, ce satané nain ! Sa vision du monde est dégoûtante, je te l'accorde. Passer son temps à rire, à boire et à fréquenter des prostituées, ce n'est pas une vie honorable ; il mériterait d'être écartelé pour agrandir son âme ainsi que d'autres membres que celui qu'il affectionne tant. Cependant, la bassesse de son point de vue lui permet de mettre à nu bien des travers des grands de ce monde. Il voit des choses que ta grandeur te cache. Comprends et prends en compte son opinion !

7/ Fais appel à l'analyse logique

Essaie de comprendre le monde qui t'entoure mon maître. Valorise ton esprit de rationalité, étudie les relations de causes à effets... Bref, arrête d'être con ! Crois-tu vraiment que Lady Margaery ne s'intéresse à toi que pour ton physique de guerrier ou pour ton amour envers tes congénères ? Ne sois pas dupe ! Une jeune femme aussi belle et intelligente, issue d'une si vénérable famille, ne se mariera pas avec toi pour t'entendre pérorer ad nauseam sur ta connaissance des armes et des instruments de torture.... elle a des vues sur le trône mon ami. Cersei t'a pourtant bien prévenu.

Alors, Mon roi, convaincu ?

Gérer son stress par le pet

Par Alexandra du blog « shère humaine »

Publié le 9 juin 2013

Après avoir longuement hésité et négocié avec moi-même, je me lance dans un article sur le lien entre le stress et le pet. Je me sens plus à l'aise de donner les précisions suivantes dès le début :

Cet article est sérieux et souriant

Cet article ne sera pas scatologique

Cet article ne mentionnera pas les questions d'odeurs liées au pet

Cet article participe au festival de la Croisée des Blogs du blog Développement Personnel dont l'édition de juin 2013 est organisée par le blog Mister No Stress de Luc Geiger avec comme intitulé : « Comment gérer le stress de manière atypique, drôle, voire délirante ? »

Après m'être interrogée et avoir lu les premières contributions à ce festival, m'est venu cet angle d'approche du thème proposé. Pourquoi lier pet et stress ?

Pour ceux qui arrivent sur ce blog pour la première fois via cet article, je rappelle que je suis thérapeute psycho-corporel ; mon accompagnement s'appuie sur une approche qui prend en compte le lien corps-esprit et qui s'appelle la Psychologie Biodynamique. Celle-ci, entre autres particularités, s'appuie sur la notion de psycho-péristaltisme.

Le péristaltisme est le mouvement de contraction-expansion des intestins et ceux-ci sont la zone de digestion alimentaire mais également de tous nos stress. C'est un des derniers « postes » de passage du bol alimentaire avec retraitement des déchets avant évacuation définitive. Un des outils principaux de la biodynamique ce sont des massages qui visent à restaurer la capacité d'auto-régulation du corps, c'est-à-dire la capacité de l'organisme à gérer no stress, nos émotions et tensions dans un cycle nous permettant de revenir à l'équilibre après un choc ou un stress.

Le thérapeute s'appuie lors des massages sur les bruits entendus via un stéthoscope un peu différent de celui que le médecin utilise pour nous ausculter. Ces bruits constituent un monde à eux seuls et permettent au thérapeute d'être beaucoup plus précis dans son massage. J'ai constaté que ces bruits sont un reflet assez fidèle de l'atmosphère intérieure de la personne à un moment T.

Donc, comment gérer son stress par le pet?

Le pet est un gaz, accumulé dans l'intestin ou l'estomac, résultat de la fermentation de matières décomposées. A la fois considéré comme malséant et prêtant à rire, surtout chez les enfants, il reste difficile de parler du pet en restant sérieux. Vous avez déjà entendu ou vous-mêmes formulé l'expression « Pète un coup, ça te fera du bien ! » ou en voulant parler de quelqu'un de coincé « celui-là, il ferait mieux de péter un coup, ça le détendrait ».

Le pet est donc bien associé à la détente. C'est en même temps un phénomène qu'on ne maitrise pas (la production de gaz) et qu'on contrôle (son évacuation). Il est impossible et très mauvais pour le corps de retenir tout le temps ses gaz et toute personne qui se retient, relâchera le surplus pendant la nuit quand elle n'est plus dans la maîtrise de son corps.

La biodynamique vise à aider à gérer son stress et à rétablir le processus d'auto-régulation physiologique et s'adresse donc, entre autres, au système parasympathique du corps, c'est-à-dire tout ce qui est régulé en dehors du contrôle volontaire. Les décharges dites végétatives, larmes, fluides, cracher, roter, diarrhées, le pet, etc…sont toujours accueillies avec joie en biodynamique car elles sont le signe que le corps se nettoie de ses surcharges et que le chemin vers un mieux-être s'éclaire.

Alors, si vous avez envie de péter ou roter, faites-vous plaisir ! Libérez les tensions qui se sont accumulées, suivez votre corps, libérez-le d'une partie de ses tensions et poussez un grand et bon soupir : « Ah, c'est bon ! ». Arrêtez de vous sentir gêné et pétez en liberté ! C'est une belle révolution pour la liberté d'être. Si, si !

Pour conclure, la Psychologie Biodynamique est une belle approche intégrative, holistique et respectueuse de l'Etre. Certes, péter en liberté peut être un des bénéfices secondaires de la thérapie, mais surtout vous y apprendrez à faire confiance à votre corps comme porte d'entrée vers ce que nous appelons le noyau sain, la partie de nous qui est profondément vivante, dans la joie et la plaisir. Déconditionnée de ce qui contraint dans notre expression de Vie.

Comment gérer le stress de façon atypique, drôle, voire délirante ?

La gestion du stress est souvent considérée comme étant un sujet sérieux.Dès qu'on aborde ce sujet, il est de bon ton de prendre un air grave, d'avoir des paroles mesurées, et d'utiliser des mots compliqués.Mais je préfère nettement m'amuser, plaisanter et rire.

Le rire facilite l'enseignement

Mon expérience m'a montré que des informations que je fais passer dans la joie et la bonne humeur, voire accompagnés de grands éclats de rire ont tendance à être mieux retenues et plus utilisées que si je les délivre sur un ton sérieux et doctoral.

Je suis dans cette voie la pratique de Bouddha.

Le rire déstresse

La légende raconte que pour le trouver dans un grand parc, les gens se dirigeaient en suivant la provenance des éclats de rire.On disait en effet : « là où tu entends rire, là est le Bouddha ».

Personne ne me contredira si je dis que son enseignement a eu un grand impact.Comme la notion d'impact est pour moi la plus importante, je joints donc l'utile et l'agréable.

Se prendre au sérieux est stressant.....les gens stressés, ont tendance à prendre tout au sérieux.

Il me paraît donc tout à fait judicieux, opportun et efficace d'apporter une touche de dérision, d'amusement et de légèreté pour traiter le sujet du stress.C'est pourquoi j'ai envie de vous proposer plusieurs façons de gérer le stress de façon atypique, drôle voire délirante que j'ai moi-même expérimentées (sauf une, à vous de la trouver).

Cet article est ma contribution au festival Antistress de la croisée des blogs organisé par développement personnel.org que j'ai eu l'honneur d'organiser en ce mois de juin 2013 sur le thème « Comment gérer le stress de façon atypique, drôle, voire délirante ? »

Quelques propositions pour gérer le stress de façon atypique, drôle, voire délirante !

Battre un tapis.

Suspendez un tapis dans un endroit aéré (de préférence dehors) et frappez le avec un manche à balai ou mieux avec un battoir à tapis pour en extraire la poussière.

Pensez à tout ce qui vous stresse en frappant avec toute la force et toute la rage que cela vous inspire.

Vous verrez que vous serez rapidement soulagé ! Et fatigué... J'ai aussi trouvé très efficace dans le même ordre d'idée de fendre du bois ou abattre des cloisons d'appartements...

Une bonne bataille d'eau anti-stress !

Se vider soi-même une bouteille d'eau sur la tête, ou lancer une bataille d'eau.

Celui-là est à éviter en hiver, mais quand il fait chaud et que tout vous énerve, il peut être salutaire de se balancer à soi-même un verre d'eau.Si en plus vous avez la chance d'être en compagnie de personnes que ça amuse, vous pouvez lancer une bataille d'eau qui se terminera dans un grand éclat de rire trempé.

J'ai aussi testé la bataille d'aliments avec des collègues quand j'étais prof de sport.

Ça nous a bien détendu, même si notre image de marque auprès des élèves en a pris un coup

S'épiler

J'ai une amie qui trouve que le ronron de son épilateur électrique, associé à la répétitivité de la tâche a des vertus apaisantes, voire lénifiantes.Elle me disait dernièrement que c'était un de ses moments où elle parvenait le plus facilement à oublier ses problèmes.

Cela était renforcé par le fait de s'occuper d'elle-même et de se trouver plus belle, plus désirable et attirante après l'avoir fait.J'avoue l'avoir crue sur parole, sans vérifier par moi-même...

Faire des blagues déstresse.

Manger un piment.....

Ou en glisser un discrètement dans un plat.

Si vous le mangez vous-même, je vous assure que vous aurez beaucoup de mal à continuer à vous préoccuper de vos problèmes.

Et si vous le faites manger à quelqu'un d'autre, ça vous fera certainement rire, mais attention aux conséquences.

Ma compagne me reproche encore parfois de lui avoir fait le coup il y a quelques années.

Monter dans un arbre.

Celle-là, je l'adore!

À chaque fois que j'en ai l'occasion, je ne manque pas de monter dans un arbre, le plus haut possible.

Quand je suis là-haut, j'ai la sensation d'être libre et invincible. J'ai aussi la sensation d'être largement au-dessus des problèmes bassement matériels qui me paraissent alors bien dérisoires.

Retrouvons notre folie d'enfant sans stress ni complexe !

Courir après des pigeons ou des mouettes.

Ça, c'est le genre d'activité débile, comme sauter dans les flaques d'eau ou courir après son ombre qui permet de prendre de la distance par rapport aux choses sérieuses de notre vie.

Cela oblige à une certaine autodérision tout à fait salutaire pour prendre de la distance par rapport à nos problèmes et nous permettre de les relativiser.

Marcher au bord du vide, falaise, pont, …etc.

Celle-là est à réserver aux gens qui ont un bon sens de l'équilibre, et qui n'ont pas de tendances suicidaires.

Cela étant dit, je trouve que la proximité du danger et l'obligation de se concentrer qui en découle permet d'oublier pour quelques temps les tracas de la vie quotidienne.

Ça marche aussi bien en sautant d'un pont avec un élastique accroché aux chevilles, en faisant de l'escalade ou tout autre sport à risque. Le danger nous aide à gérer notre stress

Prendre un douche glacée

Il y a déjà quelques années, j'avais décidé de prendre une douche froide tous les matins.

Cela m'avait beaucoup aidé pour oser et aller de l'avant. Je me disais qu'après ça, rien de pire ne pouvait m'arriver dans la journée. C'était un peu extrême, je dois bien l'avouer mais sacrément efficace !

Et vous ?

Quels sont vos façons atypiques, drôles, voire délirantes de gérer votre stress ?

MES SOLUTIONS POUR REPRENDRE LE CONTROLE

Dans le chapitre précédent, vous avez pu tester des techniques simples, à utiliser au quotidien. Si ce n'est pas le cas, retournez-y!!! La pratique est votre arme la plus efficace quand vous vous sentez envahi par le stress...

Pour ne pas vous retrouver à faire de la gestion « pompier » (j'éteints les départs de feu au fur et à mesure !), je vous propose d'approfondir votre travail. Je veux vous amener à reprendre le contrôle de votre vie. Ce n'est pas le stress qui vous définit ou fait votre personnalité. Le stress, c'est le truc en plus qui n'est pas vous mais qui par contre vous empoisonne peu à peu.

Mais peut-être ne vous êtes-vous jamais connu détendu, sans tension... J'espère vous faire vous découvrir, avec ses articles, la personne tranquille et apaisée qui est cachée derrière votre stress.

MAIS IL Y A UN MAIS ! Vous pouvez me lire du début à la fin, vous en saurez « intellectuellement » un peu plus sur le stress, certes ; mais « émotionnellement » rien n'aura bougé.

Il faut faire, PRATIQUER......

J'ai la certitude que vous pouvez reprendre le contrôle, je l'ai expérimenté des centaines de fois. Le seul paramètre que je ne maîtrise pas, c'est vous ! Si vous passez à l'action, de façon physiologique, mécanique, votre niveau de stress va baisser. De la même manière que faire des pompes régulièrement augmente la musculature, pratiquer régulièrement ne peut que faire diminuer votre stress.

Stress ou discipline : le prix de la liberté

L'illusion de la liberté instantanée

Pendant de nombreuses années, j'ai été un farouche défenseur de ma liberté.Je me glorifiais de ne pas avoir de contraintes, de pouvoir faire tout ce que je voulais quand je le voulais, et d'être libre comme l'air.Dès que je sentais la moindre entrave à ma liberté, la moindre sensation de contrainte, que cela soit professionnellement, affectivement, ou personnellement, je me débrouillais très rapidement pour détruire ou fuir cette situation.Et pourtant, je n'étais jamais satisfait.

La liberté instantanée est un piège

J'étais toujours stressé, j'avais régulièrement des problèmes d'argent, j'étais très souvent en colère et grognon et j'avais souvent un sentiment d'inutilité suffisamment désespérant pour trouver l'idée de la mort assez tentante.

La liberté du champion !

Et puis je me suis rappelé mon passé de sportif.

Je me suis rappelé l'ivresse du plaisir d'arriver à faire un nouveau mouvement qui a été difficile à apprendre.

Je me suis alors demandé si la liberté que je m'accordais au jour le jour n'était pas en train de m'enfermer et de m'empêcher d'exprimer ce que j'étais capable de faire, d'être, d'apprendre et d'enseigner qui aurait pu donner un sens à ma vie.

Je me suis alors demandé qui a le plus de liberté ?

Le danseur qui fait de la barre plusieurs heures par jour ou celui qui mange des chips en le regardant faire ?

La discipline du danseur lui ouvre la liberté de mouvement

Le sportif qui court plusieurs fois par semaine ou celui qui a du mal à monter une volée de marches ?

Celui qui pratique des exercices de sophrologie et de méditation tous les jours ou le stressé qui panique à chaque instant ?

Discipline et liberté: j'en suis arrivé à la conclusion que la liberté est la fille naturelle de la discipline.

Chaque petite victoire privée que nous remportons chaque jour en pratiquant des exercices, en nous entraînant, en cherchant à nous améliorer nous ouvre un espace de liberté dans notre vie de plus en plus grand.

Notre présent est le fruit de notre passé

Inversement ,nous payons aujourd'hui le prix fort de nos lâchetés d'hier.Les quelques bouchées en trop que nous avons pris chaque jour se sont transformées en kilos de graisses supplémentaires.

Le manque d'entretien émotionnel (respiration, sophrologie ou méditation) nous rend nerveux, agressif et stressé, et détruit nos relations personnelles et affectives.

Nous sommes malades de nos faiblesses d'hier

Le manque de sport et de soin de notre corps ruine notre santé.Nous crachons tous les jours nos poumons à cause de cette satanée cigarette que nous aurions dû arrêter depuis des années.

Que choisissons-nous de vivre ?

Alors la question que nous pourrions nous poser maintenant serait de savoir ce que nous voulons vivre dans l'avenir. »C'est dans l'avenir que nous allons vivre le reste de notre vie »..... Woody Allen,

Objectif : + 1%

Cet avenir sera le résultat de nos actions d'aujourd'hui.Et si aujourd'hui, nous arrivions à faire seulement 1 % de mieux qu'hier, et que nous répétions ce petit 1 % chaque jour, l'année prochaine à la même date, nous aurions fait 365 % de progrès.

En étant encore moins ambitieux, si nous ne faisions que 1 % de progrès dans la semaine, l'année prochaine à la même date nous aurions fait 52 % de progrès.

1 % de progrès répétés, et votre vie change !

Et si vous aviez fait ça chaque année, où en seriez-vous aujourd'hui ?

Rêvons un peu…

Qu'est-ce que cela changerait pour vous si vous faisiez entre 52 % et 365 % de progrès dans un ou plusieurs domaines de votre vie.Pour bien prendre conscience du changement que cela occasionnerait, imaginez ce que cela changerait pour vous si chaque année vous aviez une augmentation de revenus comprise entre 52 et 365 pour cent.Est-ce que cela ferait une différence ? Je pense que oui !

Alors, quel avenir choisissez-vous ?

Un principe anti-stress : l'action immédiate !

Une des choses qui stresse le plus est la sensation d'avoir des dizaines de choses à faire : les papiers, les mails, les choses à ranger…etc.

Un des principes de gestion du temps les plus efficaces est celui de l'action immédiate.

Ce principe est ultra simple, presque simpliste

Il a tout de même une limite, surtout quand on commence à le mettre en place. Il nécessite de se discipliner, de se forcer au début, de se contraindre pour obtenir de bons résultats.

Vous risquez de vous retrouver parfois ridicule. Vous risquez aussi d'être un peu énervé contre vous dans les premiers temps…

Libérez votre esprit du stress des multiples tâches

Intérêts : rapidement, vous allez remarquer que votre horizon s'est dégagé, que votre stress a diminué presque magiquement, que vous n'avez plus cette montagne de petites choses à faire qui tourbillonnent dans votre tête.....

Vous pouvez enfin commencer à respirer !

Comment mettre en œuvre l'action immédiate ?

Il faut et il suffit de terminer systématiquement toute tâche commencée !

Par exemple, quand vous ouvrez un courrier, vous n'avez pas le droit de le lâcher tant que vous n'y avez pas répondu, s'il faut une réponse ou tant que vous n'avez pas fait tout ce qui était nécessaire de faire pour le traiter. Vous ne pourrez le lâcher que lorsque vous jèterez l'enveloppe et classerez le courrier là ou il doit être classé dé-fi-ni-ti-ve-ment.

Et ce dernier mot est le plus important !

Quand on commence, on finit

Si vous décidez d'ouvrir un courrier, vous allez jusqu'au bout de son traitement pour ne plus jamais avoir à y revenir. Sinon, vous ne l'ouvrez pas.

Traitement des mails:

Ce principe est également vrai pour le courrier électronique.

Si vous commencez à lire un mail, vous devez l'avoir enlevé de votre boite de réception avant de passer à un autre mail.

Pour cela, vous avez répondu ou fait le nécessaire puis jeté, ou classé ce mail dans le dossier archive adéquat.

Là ou c'est difficile et important, c'est de ne pas passer à un autre mail, à un autre sujet avant d'avoir totalement et définitivement traité celui que vous avez commencé.

C'est à ce moment là que vous risquez de perdre patience, temporairement, et de vous dire à quoi bon. Mais si vous tenez le coup, vous allez très rapidement voir fondre le contenu de votre boite de réception, voir disparaitre cet amoncellement de choses à faire qui vous prennent la tête et entretiennent votre stress…

Moins de tâches, moins de stress

Le seul bémol à ce principe concerne les tâches qui nécessitent beaucoup de temps et que vous ne pouvez pas matériellement faire immédiatement.

Dans ce cas vous devez prévoir dans votre agenda la plage de temps que vous consacrerez à cette tâche.

En attendant, mettez tous les éléments nécessaires dans un dossier spécifique, bien classé, en dehors de votre champ de vision et que vous ressortirez au moment choisi.

Voici le défi que je vous lance aujourd'hui !

Appliquez ce principe maintenant pour quelques tâches courantes.

Alors, chiche de le faire tout de suite ?

La respiration est votre garantie de vivre en forme et en bonne santé

Bonjour, je suis Danièle Galicia du blog « Forme et bien-être ». Je remercie Luc d'avoir accepté de publier cet article sur son blog alors qu'il a déjà tant à partager avec vous.

Le souffle, c'est la vie !

Lorsque nous respirons de la bonne manière, nous inspirons et expirons l'énergie vitale qui équilibre notre vie intérieure et c'est pour cette raison que l'énergie doit circuler librement.

Chaque fois qu'elle est bloquée par un facteur quelconque, elle perd sa fonction régulatrice et laisse libre cours à la maladie ou à des dérèglements.

Comme nous ne pouvons pas stocker l'air sous forme de réserves, il en ressort que l'activité la plus importante de notre existence est l'acte respiratoire !

Une bonne respiration doit employer la totalité de l'appareil pulmonaire.

Lorsque l'on ne respire pas correctement, le diaphragme n'est pas sollicité convenablement et l'inspiration s'effectue superficiellement. L'air reste alors bloqué et ne parvient jamais aux alvéoles situées en bas des poumons.

Respirez pour être moins stressé

Nous respirons mal par négligence ou ignorance. Pourtant, un quart d'heure chaque jour suffit à retrouver un automatisme de respiration.

Répétez des exercices basiques et votre respiration redeviendra naturelle et intégrée dans vos habitudes quotidiennes.

Petits exercices :

Allongez-vous de façon à vous mettre à l'aise sur le sol. Portez des vêtements amples qui ne gêneront pas votre acte respiratoire.

Disposez vos mains sous votre abdomen de sorte qu'elles se rejoignent.

Prenez une longue inspiration par la voie nasale et conservez-la 7 secondes. Vos mains doivent se soulever sous l'effet de l'inspiration alors que vos épaules doivent rester immobiles, l'abdomen se gonfle. Retenez votre souffle en comptant jusqu'à 7.

Comptez ensuite 10 secondes pendant lesquelles vous expirez. Votre abdomen doit reprendre sa position initiale. Vos mains vous indiquent si vous y parvenez ou non.

Faites à nouveau l'exercice par série de 3 et ensuite respirez normalement quelques minutes avant de reprendre une autre série.

La respiration en position allongée étant maitrisée, il vous faut l'apprendre en position assise : ainsi, votre acte respiratoire vous aidera à mieux gérer votre stress, peu importe où vous vous trouvez.

Commencer à pratiquer la respiration allongé facilite l'apprentissage

Le bonus : il vous gorgera d'énergie et vous ressourcera à volonté et vous aidera aussi à perdre du poids.

Apprendre à respirer en position assise est bénéfique pour les personnes travaillant toute la journée devant un bureau, et particulièrement pour celles et ceux qui souffrent d'asthme

Une bonne respiration permet de réduire l'intensité et la fréquence des crises

Si la respiration se fait de la bonne manière, sans hausser les épaules comme nous avons l'habitude de le faire sous la pression et le stress, une bonne partie de la relaxation se fait déjà en obligeant son corps à une certaine forme de détente.

De même, lorsque vous marchez, comptez votre nombre de pas et adaptez votre vitesse de marche, vous maitrisez votre souffle et une certaine forme de contrôle intéressante apparaît.

Assurez-vous que quelle que soit votre activité, ce sont bien les poumons qui accomplissent l'acte respiratoire dans sa totalité.

Les poumons conservent toujours un peu d'air tout au long de la journée. Il est recommandé de bien les vider de temps à autre, à raison de 2 à 3 fois par jour afin de les épurer pour que les alvéoles continuent leur travail de filtration et éviter que trop d'air pollué se trouve dans l'organisme.

Adoptez de bons automatismes, respirez à pleins poumons !

Si vous faites vos exercices de respiration vous serez étonné de tout ce que cela va vous apporter, diminution du stress, diminution des problèmes digestif et même perte de poids.

Le meilleur antistress naturel : la respiration

Qu'y a-t-il de plus naturel et de plus extraordinaire que notre respiration ?

Toutes, et je dis bien toutes, les techniques corporelles de gestion du stress et des émotions utilisent la respiration.

Que vous preniez la Sophrologie, la Relaxation, la Méditation, le Yoga, le Pilates, la Pleine Conscience, le Tai-Chi, le Chi-Kong, la Cohérence Cardiaque, le Training Autogène, le Mindfulness…etc. toutes ces techniques s'appuient sur un travail respiratoire plus ou moins poussé.

Cet article participe à l'événement inter-blogueurs « Pourquoi pas naturel ? » organisé par le blog Forme et bien-être.

La respiration a des propriétés extraordinaires

Pourquoi cette généralisation de l'utilisation de la respiration ?

Parce que la respiration a des propriétés et des capacités extraordinaires Elle nous accompagne tout au long de notre vie : elle démarre dans un cri à notre naissance et s'arrête à notre dernier souffle.

Elle s'adapte automatiquement 24 heures sur 24 à notre demande en oxygène et à notre état émotionnel.

Nous pouvons en prendre le contrôle en partie : nous pouvons la ralentir ou l'accélérer, l'arrêter quelques dizaines de secondes, en suspension ou en blocage. Nous pouvons aussi en modifier l'amplitude (le volume d'air respiré).

Il est aussi possible d'en changer la hauteur : de respirer avec le ventre, avec les côtes ou avec la poitrine.

Elle est directement liée à notre système nerveux : l'inspiration, l'accélération du rythme, et la respiration thoracique sont liées à la branche orthosympathique de notre système nerveux autonome (celle qui accélère le cœur). L'expiration, le ralentissement du rythme et la respiration abdominale sont liées à la branche parasympathique (celle qui ralentit le cœur).

Pour aujourd'hui et afin de ne pas alourdir cet article nous en resterons là. Toutes ces propriétés en font un outil privilégié d'influence sur notre système nerveux.

De plus l'effet est mécanique, il n'y a pas moyen d'y échapper.....pas plus qu'il n'est possible de courir sans être essoufflé.

Utiliser la respiration pour se relaxer

Comment se poser ?

Par exemple si vous voulez ralentir votre physiologie, si vous voulez être plus calme, vous allez devoir activer plus puissamment la branche de votre système nerveux qui produit cet effet (parasympathique).Il vous suffit de commencer à respirer plus lentement, de préférence avec le ventre, en allongeant le temps de souffle et en faisant des pauses en suspension après chaque expiration. De cette façon votre corps ne pourra pas faire autrement que de se calmer.

Petite remarque à l'attention des fumeurs !

C'est cette mécanique respiratoire qui produit l'effet relaxant ressenti par les fumeurs.Et c'est encore plus efficace « sans » la cigarette !

Comment se stimuler ?

Si par contre vous voulez remonter votre niveau d'énergie, de vigilance et d'attention, vous allez chercher à stimuler la branche de votre système nerveux qui va vous mettre en alerte (orthosympathique).. Pour y arriver, vous n'aurez qu'à accélérer votre rythme respiratoire en forçant sur l'inspiration par la poitrine et en bloquant la respiration après chaque inspiration.Votre système nerveux va ainsi vous mettre en énergie pour passer à l'action.

Comment être performant ?

Une troisième façon d'utiliser la respiration est moins connue et pourtant très intéressante.

Elle permet d'allier la vigilance de l'état d'alerte à la puissance de focalisation du calme intérieur.

C'est l'état recherché par les arts martiaux, et par tous les performeurs, qu'ils soient sportifs ou artistiques.

Cet état particulier appelé selon les auteurs le flot, le lâcher prise ou le samahdi est un état de performance maximale, à la fois mentale et physique.La respiration va nous aider à trouver cet état en rééquilibrant et en alternant régulièrement les deux branches du système nerveux autonome dont nous avons déjà parlé ci dessus.

La respiration de la haute performance : 5 sec d'inspir et 5 sec d'expir.

La technique respiratoire de la haute performance :

Pour cela, nous allons tout simplement respirer le plus régulièrement et le plus harmonieusement possible sur un rythme de 5 à 6 secondes d'inspiration, puis de 5 à 6 secondes d'expiration.

Ainsi nous allons forcer notre organisme à se mettre en alerte maximale pendant l'inspiration, puis l'obliger à être dans le plus grand calme pendant l'expiration.

Cette alternance va mécaniquement provoquer une cascade de réactions physiologiques complexes.

L'une des plus spectaculaire est une réaction tellement énorme que je ne peux pas la passer sous silence : notre cœur va se mettre à accélérer et à ralentir au même rythme que la respiration.

Nous serons alors dans un état dit de cohérence cardiaque ou de cohérence psychophysique, car les ondes cérébrales vont aussi se synchroniser avec la respiration

Pourquoi ce rythme particulier ?

De même que notre corps marche mieux à une température de 37 °, avec une concentration en sel de 9 g/litre, nous sommes plus performant quand notre système nerveux alterne harmonieusement entre la branche parasympathique et la branche orthosympathique toutes les 5 à 6 secondes.C'est un rythme physiologique que nous avions tous à la naissance et que nous retrouvons naturellement dans les moments ou nous sommes particulièrement calmes et attentifs.

Ce que je vous demande de faire maintenant : testez vous-même chaque forme de respiration et constatez sur votre physiologie la différence.

Le meilleur conseil en matière de gestion du stress : changez de posture

Votre langage corporel définit qui vous êtes :

Je voudrais vous offrir un truc anti-stress gratuit, rapide et efficace. Tout ce que cela va vous demander est de changer de position pendant 2 minutes.

Avant de zapper vers autre chose, et avant de vous expliquer comment faire, je vais juste vous demander de vérifier comment vous vous tenez en ce moment. Êtes-vous recroquevillé, un peu vouté, de travers sur votre siège ? Je vous demande juste d'observer avec attention la posture de votre corps ici et maintenant. Et je vous expliquerai un peu plus loin dans cet article comment le fait de changer de posture peut extraordinairement changer votre vie.

Mais avant cela et pour que ce soit le plus efficace, je voudrais vous expliquer quelques notions de neurobiologie.

Nous sommes très attentif au langage du corps des autres puisqu'il semblerait que la communication est à 55 % corporelle d'après la plupart des auteurs. Il suffit souvent d'un regard, d'un sourire ou d'un manque de sourire pour modifier l'humeur de toute une journée et parfois plus.

Voir passer un ami dans la rue avec un air accablé suffit à nous rendre triste et à ruminer des idées noires sur ce qui a bien pu lui arriver.

Il est très difficile de rester joyeux au milieu des gens tristes et inversement.

La faute à nos fameux "neurones miroirs".

Les "neurones miroirs" ou "neurones empathiques"ont été découvert dans les années 1990 par Giacomo Rizzolatti, directeur du département de neurosciences de la faculté de médecine de Parme sur des macaques rhésus.

Il reproduisent en interne ce que nous voyons à l'extérieur de nous. La preuve de leur existence chez l'homme a été faite en avril 2010 par imagerie cérébrale fonctionnelle. Par exemple quand nous sourions, les neurones moteurs de notre cerveau au niveau de l'aire de Broca, correspondant à la zone de la bouche sont excités. De la même manière quand nous voyons quelqu'un sourire, ces mêmes neurones sont excités (à moins d'être autiste ou psychopathe) mais avec un potentiel plus faible. Cette micro excitation produit une micro excitation des muscles de notre bouche. C'est grâce à l'excitation de ces neurones et de ces muscles que nous ressentons et comprenons les émotions des autres (ce que ne peuvent pas faire les autistes et les psychopathes).

Mais cela n'a pas qu'une influence sur notre perception et notre compréhension, cela modifie aussi les hormones qui circulent dans notre corps. Le fait de voir une personne sourire, par le jeu des neurones miroirs, libère en nous des endorphines comme la dopamine et la sérotonine qui nous rendent plus heureux et fait baisser notre taux de cortisol dans le sang. Ce fameux cortisol souvent appelé l'hormone du stress.

Ce que nous voyons à l'extérieur influence donc notre humeur. Et notre humeur modifie aussi notre attitude physique. Par exemple quand nous sommes en confiance, joyeux et énergique, nous avons tendance à nous redresser, à lever la tête et à sourire. Par contre quand nous sommes tristes, déprimés ou en perte de confiance, nous avons tendance à nous ratatiner sur nous-même, à baisser la tête et le regard, à laisser tomber les épaules en avant et à "tirer une tête de 100 pieds de long" comme dit l'expression.

Les preuves scientifiques

Mais ce que nous savons moins, c'est que l'inverse est vrai aussi, notre attitude physique influence notre humeur et même notre physiologie et nos hormones. Pour illustrer cela, je voudrais vous présenter 2 expériences étonnantes.

Première expérience

créée par Paul Eckmann et reproduite en 2002 à l'hopital de la Pitié Salpétrière à Paris. Les participants à l'expérience sont divisés en 2 groupes. Chacun des participants évalue sont niveau de bien-être avant l'expérience et après l'expérience. L'expérience consiste à visionner des squetchs vidéos et à en évaluer la puissance humoristique en tenant un stylo dans la bouche. La seule différence est que l'un des groupes doit tenir le stylo en travers de la bouche ce qui l'oblige à grimacer un sourire, et que l'autre groupe doit le tenir droit entre les lèvres, ce qui l'oblige à faire la tête.

Résultat :

les participants qui ont le stylo en travers entre les dents ce qui les oblige à sourire, ont leur niveau de bien-être qui a significativement augmenté après l'expérience et ils ont trouvé les squetchs bien plus drôles que ceux qui avaient le stylo en long.

Deuxième expérience

faite par la psychologue sociale Amy Cuddy en 2012. Elle prélève de la salive avant l'expérience. Elle demande alors aux participants de prendre

- soit une position de force, de puissance, comme quand ils se sentent sur d'eux ou lors d'une victoire - soit une position de faiblesse, de repli sur soi ou de perte de confiance - pendant 2 minutes. On leur donne ensuite la possibilité de faire un pari peu risqué. Et enfin, on refait un prélèvement de salive et c'est tout.

Résultat :

86 % des personnes en position de puissance ont parié contre 60 % des autres, ce qui est déjà énorme en terme de capacité à supporter le risque.

Testostérone : + 20 % posture puissance, - 10 % posture impuissance.

Cortisol : - 25 % posture puissance, + 15 % posture impuissance.

Et tout cela en seulement 2 minutes.

Elle a ensuite continué en faisant passer des entretiens d'embauche aux personnes après leur avoir fait prendre une position de puissance ou d'impuissance pendant 2 minutes.

Résultats :

les personnes qui avaient été en position de puissance ont été beaucoup plus souvent embauchées que les autres.

Et pourtant, nous sommes beaucoup moins attentifs au langage de notre propre corps qu'à celui des autres. Alors que celui-ci nous influence nettement plus puissamment que celui des autres, et pour cause, nous sommes dedans !

Il suffit donc de prendre une posture de puissance 2 minutes pour changer dramatiquement et positivement notre physiologie.

Théorie de la perception de soi

Vous allez certainement me dire comme je l'entends souvent quand je propose aux gens de le faire, il me disent souvent que vous ne pouvez pas, que vous n'y croyez pas et que ça ne marchera pas car comme vous n'y croyez pas vous allez seulement faire semblant.

Et bien pas de souci, faites semblant ! Cela deviendra tout de même une réalité.

En effet Daryl Bem a démontré dans sa "théorie de la perception de soi" que nous nous jugeons nous même de la même manière que nous jugeons les autres : sur nos comportements. Par exemple, si je vois une personne oser faire quelque chose, prendre la parole, et se tenir droite avec la tête relevée, je vais penser que c'est une personne qui a confiance en elle. De la même façon, Daryl Bem a remarqué que nous faisons la même chose en nous observant nous-même. Si nous faisons semblant d'être sur de nous en osant faire quelque chose, en prenant la parole, en nous tenant droit et la tête relevée, nous allons commencer à nous évaluer nous-même comme une personne qui a confiance en elle.

Cette nouvelle évaluation changera notre posture qui à son tour influencera notre perception de nous-même. Nous avons donc là le début d'une belle spirale vertueuse qui va s'auto renforcer.

La pratique en pratique :

Comme nous l'avons vu précédemment, un changement de posture de 2 minutes est significatif , ce n'est évidemment pas suffisant pour changer toute notre vie.

Pour changer toute votre vie, je vais donc vous proposer d'utiliser l'approche graduelle, le Kaizen des japonais, le 1 % de plus.

Je vais vous proposer de simplement changer d'attitude pendant 1 % de votre temps de veille journalier. Nous sommes en moyenne réveillé pendant environ 16 heures par jour. 1 % de ces 16 heures de veille correspond à un peu moins de 10 minutes.

Voici donc ma proposition : vous tenir dans une position de puissance et de certitude assis ou debout pendant 10 minutes par jour. Cela peut se faire en une fois 10 minutes, ou 10 fois 1 minute, ou 2 fois 5 minutes ou tous les intermédiaires possibles. Je vous vois d'ici en train de penser, "mais je n'ai pas le temps", "si tu crois que c'est facile avec tout ce que j'ai à faire" et toutes les excuses du monde.

Je vais donc vous proposer de le faire en faisant autre chose, par exemple en marchant, ou en faisant vos courses, ou en ce moment même devant votre ordinateur, ou aux toilettes, ou sous votre douche, ou n'importe où. Vous pouvez le faire en public, mais si cela vous mets trop mal à l'aise, vous pouvez aussi le faire en privé, dans votre chambre ou devant votre miroir ou en préparant à manger, cela n'a aucune importance.

Le principal est de vous redresser en mettant le dos bien droit, de sortir la poitrine, de relever le menton à l'horizontale, d'ouvrir grand les yeux et de sourire. Vous pouvez aussi si la situation le permet lever les bras et éventuellement sauter sur place comme si vous célébriez une grande victoire mais ce n'est pas obligatoire.

Ce 1% de différence dans votre vie peut faire une différence énorme

si vous le répétez régulièrement. Idéalement, le plus efficace est de le faire tous les jours, mais le minimum pour obtenir des changements significatifs est de le faire au moins une fois par semaine.

Imaginez si vous faites baisser votre cortisol de seulement 1 % par jour, cela veut dire que vous faites aussi baisser votre stress de 1%. Cela voudrait dire que d'ici à un peu plus de 3 mois, vous aurez fait baisser votre stress de 100 %. Même si vous êtes particulièrement peu essieu et paresseux, imaginons que vous ne faites que 1% de mieux par semaine, ce n'est vraiment pas beaucoup. Et pourtant cela voudrait dire que vous aurez progressé de 52 % l'année prochaine. Pour bien comprendre la différence que cela pourrait faire dans votre vie, imaginez que votre paye ou votre revenu soit augmenté de 52 % par rapport à l'année dernière, est-ce que cela ferait une différence dans votre vie ?

Vous pouvez donc faire cette différence en terme de stress en seulement 10 minutes par jour de changement de posture physique. Et cela n'aura pas seulement de l'impact sur votre stress, mais aussi sur votre confiance en vous, sur votre joie de vivre, sur la qualité de vos relations, sur votre carrière et encore bien d'autres points que nous développerons dans un prochain article.

Il y a cependant un inconvénient majeur, c'est qu'il faut le faire.

Et si vous voulez que ça vous soit vraiment utile, il faut le faire maintenant ! Et au plus tard dans les 24 heures. Toutes les statistiques sont unanimes sur ce point crucial, ce que vous n'avez pas commencé à appliquer et à pratiquer dans les 24 heures a 9 chance sur 10 d'être oublié et pas utilisé.

Alors, vous commencez quand ?

Avez-vous nourri votre corps hier ? Et aujourd'hui ? Et votre cerveau ?

Avez-vous nourri votre cerveau ?

Je ne parle pas de le gaver de faits divers négatifs et dramatiques.

Je ne parle pas non plus de ressasser sans arrêt vos problèmes en vous demandant sans arrêt pourquoi moi ?

Je parle de vraie nourriture émotionnelle permettant de construire un cerveau et une pensée joyeuse, positive, heureuse et sans stress.

Ne nourrissez pas votre cerveau d'infos négatives

Constat dramatique : quand on parle de nourriture terrestre, nous consacrons chacun plusieurs heures et plusieurs dizaines d'euros par jour dans le seul but de manger.

Je suis tout à fait d'accord avec ça et j'apprécie moi aussi les plaisirs gustatifs.

Parallèlement, nous consacrons aussi un certain temps et un certain budget par jour pour nous faire une belle apparence.

Je ne compte pas le temps et l'argent que nous consacrons à acheter des objets, des vêtements, des meubles…etc

Et combien de temps consacrons-nous par semaine pour gagner l'argent nécessaire pour payer toutes ces actions ? Pourquoi toute cette énergie ?

Et si nous étions aussi intéressé par ce qui nourrit notre cerveau que par la nourriture que nous donnons à notre corps?

Dans quel but ultime ?

Mais permettez-moi de vous poser une question :

Quel est le véritable objectif derrière tout ça ?

Ne serait-ce pas de se faire plaisir pour être tout simplement plus heureux, plus épanoui, plus tranquille et plus zen ?

Quand on regarde attentivement nos motivations profondes, nous pouvons constater que la plus grande partie de notre énergie, de notre temps et de notre argent est consacré « indirectement » à la poursuite du bonheur.

Indirectement !

Et le principal problème vient de ce simple mot « indirectement » !

Toutes ces actions listées précédemment, même si elles sont très plaisantes, ne nous apportent qu'un bien-être et un plaisir éphémère qui nous laissent insatisfaits. Nous sommes ainsi sans arrêt dans cette course pour toujours plus

Nourrissez directement votre cerveau de positif

Et pourquoi pas directement ?Et si nous cultivions directement l'anti-stress, le bonheur, le bien-être, le zen en nous ?

Ce que je trouve extraordinaire, c'est que lorsque je propose cela aux personnes qui sont en souffrance, j'ai l'impression d'avoir prononcé des gros mots !

C'est un peu comme si je leur avait déversé un seau de fumier sur les chaussures !

Je vois souvent apparaitre à ce moment un air dégouté et parfois un peu outré et j'entends ce genre de phrase :

« Si vous croyez que j'ai du temps à consacrer à ces bêtises, à m'amuser à faire ça ! J'ai des choses sérieuses à faire ! …etc »

Et pourtant, s'ils mettaient seulement un dixième, ou même un centième de leur temps, de leur énergie et de leur argent à cultiver « directement » leur bien-être, l'antistress et la zen attitude, leurs vies changeraient du tout au tout.

Comment faire ?

Je sais que ce n'est pas facile d'arriver seul à changer ses habitudes pour cultiver ces nouvelles attitudes. Certains viennent consulter des personnes comme moi ou assister à des formations comme celles que je donne et c'est une très bonne idée. Ils ont trouvé la motivation et donc le temps nécessaire pour changer les choses.

Mais ce qui me paraît le plus important, c'est le but de cet article : consacrez chaque jour quelques minutes pour cultiver votre bien-être !

Entrainez-vous au bonheur !

Et je le répète plus fort :

Entrainez chaque jour votre cerveau à être heureux !

Vous pouvez le faire en lisant des écrits, en côtoyant des personnes ou en visionnant des films positifs et inspirants, en faisant des exercices de Sophrologie, de Yoga, de Tai-Chi, de Chi-Kong, de Pilates, de Méditation, de Mindfulness et d'autres… !

Pour vous aider à faire cela vous pouvez utiliser les ressources de ce livre mais aussi l'accompagnement que je propose sur mon blog.Vous pourrez ensuite profiter en autonomie de cette nouvelle hygiène de vie

Pour vous déstresser, sortez dehors :
5 trucs de bien-être !

Rien de tel pour se destresser que d'aller respirer le grand air en sortant de chez soi !

Voici 5 activités hyper simples que je vous propose de faire :

Pour être moins stressé comptez les fleurs !

1) Comptez les fleurs en hauteur

Recensez toutes les fleurs qui sont accrochées aux fenêtres et aux balcons des maisons des rues autour de chez vous.

Vous pourrez peut-être en profiter pour engager la conversation avec vos voisins sur l'admiration que vous avez pour leurs plantes.

Cette ballade à la recherche de fleur était une des prescriptions de tâches que proposait Milton Erikson (l'un des meilleur thérapeute qui ait vécu sur terre) aux personnes dépressives qui venaient le consulter.

Le fait de chercher en hauteur oblige aussi à lever le regard et à se tenir droit, ce qui augmente l'impact positif par la boucle de rétroaction posturale…

Antistress – retrouvez l'imagination de votre enfance !

2) Allez vous assoir sur un banc, dans l'herbe ou sur la plage.

Prenez quelques minutes sans rien faire du tout, ouvrez simplement vos sens aux sollicitations présentes sans chercher à les caractériser ni les définir.

Contemplez les formes dans les nuages…

Laissez glisser les secondes les unes après les autres comme des perles précieuses sur la soie d'un collier…

Et savourez….

Retrouvez la paix de la nature… sans stress….

3) Faites une marche, courez ou faites un parcours santé.

En faisant cette marche ou cette activité physique, soyez à l'écoute, à la fois de vos sens et à la fois de l'extraordinaire jeu de vos muscles et de vos articulations en parfaite coordination.

Vous pouvez au passage être en reconnaissance de disposer à votre seul usage d'une mécanique aussi génialement conçue…

Reprenez contact avec l'inexorable tranquillité de la terre…

4) Faites pousser quelque-chose !

Plantez ou replantez des plantes, dans votre jardin, sur votre balcon ou même sur le rebord de la fenêtre, prenez en soin.

Mettez les mains dans la terre pour le simple plaisir de la toucher.

Sentez son parfum et l'odeur des plantes dont on a oublié les senteurs…

Laissez le stress de côté pour un simple jeu…

5) Jouez avec un animal !

Jouez avec votre chien, votre chat ou mieux encore avec une fourmi !

Retrouvez l'émerveillement de l'enfant qui suivait avec passion le trajet d'une fourmi en train de charrier un débris plus gros qu'elle…

Et vous qu'avez pratiqué ? Une de ces propositions ou une autre de votre cru ?

Qu'en avez-vous retiré ?

Sans stress et performant, au coeur de la cohérence cardiaque

Notre cœur montre notre stress !

Une des façons les plus faciles de voir comment nos sentiments affectent notre corps est d'observer leurs effets sur le rythme cardiaque. Quand les émotions sont fortes, elles peuvent être détectées par un changement du tracé du rythme cardiaque

Stressé, le cœur bat irrégulièrement

Quand les gens sont frustrés, anxieux, en colère ou ont peur, leur rythme cardiaque est saccadé et irrégulier.

Quand on visualise ce rythme irrégulier sur un écran, il ressemble à l'horizon escarpé d'une chaîne de montagne.

Cela est du au fait que nous activons de façon irrégulière et parfois simultané les deux branches du système nerveux autonome celle qui accélère le cœur et celle qui le ralentit.

(Le système nerveux autonome régule notre température, notre cœur, notre respiration et toute la chimie de notre corps)

C'est un peu comme si vous appuyez en même temps sur le frein et l'accélérateur de votre voiture.

Ça n'accélère pas bien, ça ne freine pas bien non plus, ça broute et ça use très rapidement la voiture.

De plus cela débranche une partie du cortex cérébral et produit ce que l'on appelle « l'inhibition corticale. »

C'est pourquoi, quand nous sommes en stress, il est en général difficile de penser clairement.

Faire un choix judicieux est difficile quand on est soumis à un stress important.N'avez-vous jamais proféré des mots à un ami que vous avez regretté par la suite ?

Stressé le cœur accélère et ralentit de façon désordonnée

Déstressé, le cœur bat régulièrement : c'est la cohérence cardiaque.

Inversement, quand nous nous sentons confiants, en sécurité, aimés, aimant quelqu'un ou quelque chose, nos rythmes cardiaques deviennent doux et lisses.

Les scientifiques savent maintenant que le cœur et le cerveau sont connectés et qu'un rythme cardiaque doux et lisse facilite la clarté de la pensée et permet de meilleures décisions.

Sans stress, le cœur accélère et ralentit régulièrement...

La bonne nouvelle, c'est que ça marche dans les deux sens.Si nous parvenons à réguler les variations de notre cœur, alors nous facilitons le travail de notre cerveau.

Nous gagnons donc en performance mentale et physique, nous prenons plus confiance en nous, nous nous sentons plus en sécurité, plus aimé et plus aimant.

Comment réguler notre cœur pour limiter le stress ?

Encore une fois, la solution est dans la respiration.

Comme l'objectif est d'accélérer notre cœur pendant quelques secondes puis de le ralentir pendant quelques secondes, nous allons utiliser la capacité de la respiration à influencer notre système nerveux.

Nous allons donc inspirer régulièrement pendant quelques secondes pour obliger le cœur à accélérer.

Puis nous allons souffler régulièrement pendant quelques secondes pour obliger le cœur à ralentir.

Notre physiologie a un rythme naturel qui se situe entre 5 et 6 secondes d'accélération, puis 5 à 6 secondes de récupération.Idéalement, il faudra donc inspirer pendant 5 à 6 secondes puis expirer pendant 5 à 6 secondes.

Soufflez 5 sec et inspirez 5 sec pour être en cohérence cardiaque.

Testez ce rythme pendant quelques minutes et observez les différences !

Qu'avez-vous remarqué comme changements en faisant cet exercice ?

3 habitudes anti-stress indispensables pour être zen au quotidien : Les 3 G

Dans cet article, nous allons étudier trois stratégies qui vont vous permettre de faire baisser votre stress en renforçant votre bien-être et votre joie de vivre.

L'idéal est que ces stratégies deviennent des habitudes quotidiennes.

Je les ai appelés les trois G, car elles commencent toutes par la lettre G.

Ce sont « la Gratitude, la Générosité et la Gourmandise ».

Cet article participe à l'évènement inter-blogueur organisé par Olivier Roland du blog Habitudes Zen intitulé « 3 habitudes indispensables pour être zen au quotidien » .

La gratitude

Définition :

La gratitude est le sentiment que l'on éprouve quand on dit merci.C'est le sentiment qui est reconnu comme le plus bénéfique en Psychologie Positive.

C'est aussi celui qui permet d'entrer le plus rapidement, le plus profondément et automatiquement en cohérence cardiaque.

Exprimez votre gratitude pour être moins stressé !

Comment le vivre ?

Prise de conscience :

Commencez par vous rendre compte de l'extraordinaire chance que vous avez d'être vivant. Parmi les millions de spermatozoïdes de votre père, un seul est arrivé à destination et vous a créé, vous ! Rendez-vous compte aussi que vous avez des yeux et un cerveau qui vous permettent de lire ces mots.

Vous mangez à votre faim, vous avez un toit, vous avez un ordinateur et une connexion Internet, vous faites donc partie des 5 % les plus privilégiés de cette planète !

Expression interne :

Écrivez chaque jour dans un petit carnet ou un cahier trois choses agréables qui se sont passées pour vous dans cette journée. Remerciez plusieurs fois par jour l'univers, votre Dieu, la vie ou tout autre notion qui vous correspond pour tous les bienfaits dont vous jouissez.

Expression externe :

Remerciez régulièrement vos amis, les membres de votre famille, vos collègues et toutes les personnes que vous côtoyez pour le plaisir que vous avez à les connaître, et/ou pour ce qu'elles vous apportent d'agréable.

La générosité

Définition :

La générosité est une action qui est orientée dans le but de faire du bien à autrui.

Tal Ben Shahar, le plus grand spécialiste mondial de la Psychologie Positive, considère que celui qui contribue au bonheur des autres en tire un tel bénéfice que, pour lui, rien n'est plus égoïste qu'un geste altruiste !De la même façon, Marshall Rosenberg, le créateur de la communication non-violente dit que pour rendre un homme heureux, il faut accepter d'être invité à sa table en ayant faim.

Soyez généreux ! Ça rend heureux !

Comment le vivre ?

Vous pouvez bien évidemment le faire en étant bénévole dans des associations comme la Croix-Rouge, les Restos du Cœur ou tout autre association à but humanitaire.

Mais plus simplement dans votre vie de tous les jours, offrez des sourires, des attentions, rendez service, soyez aimables et tout autre action sincèrement destinée à augmenter le bien-être autour de vous.Cela nous fait du bien car le fait de donner nous fait ressentir un sentiment d'abondance à l'intérieur de nous.

Rq : On dit souvent que l'argent ne fait pas le bonheur.En fait, l'argent fait le bonheur de ceux qui le distribuent : des études ont montré que si on donne de l'argent à des personnes et qu'on leur demande de l'utiliser pour faire plaisir à d'autres, elles en retirent plus de plaisir que si elles le dépensent pour elle-même.

La gourmandise :

Définition :

La gourmandise que nous proposons ici est la gourmandise de la vie.C'est-à-dire de chercher à vivre ce qui est agréable, ce qui nous fait du bien et nous met de bonne humeur.

Et éviter ce qui au contraire nous stresse, nous fatigue et nous déprime.

Soyez Gourmand de la vie !

Comment le vivre ?

Faites des choses qui correspondent à ce que vous aimez vraiment !Que ce soit dans votre vie professionnelle, dans vos loisirs, dans votre vie sociale ou personnelle, recherchez principalement les activités qui vous apportent du plaisir. Accordez-vous régulièrement des moments où vous prenez soin de vous.

Côtoyez des gens positifs, bienveillants et inspirants, et évitez les autres.Éviter les influences négatives (journaux télévisés, presse à scandale et autre films d'horreur) et recherchez les influences positives comme les livres et les films inspirants.

Donc, si je résume nos 3 G : la gratitude, la générosité, et lagourmandise.

Prenez chaque jour au moins quelques minutes pour prendre conscience et exprimer votre gratitude, pour apporter du bien-être à autrui et pour vous faire plaisir.

Et vous, qu'avez-vous déjà mis en place, ou qu'allez-vous faire pour mettre en pratique ces 3 G ?

Stress professionnel :
Trouvez votre « Triple AAA »

Si vous vous sentez submergé par votre stress professionnel, c'est vraisemblablement que votre activité professionnelle ne satisfait pas aux critères du triple AAA : Agréable, Adroit et Appel.

La Psychologie Positive par la voix de Tal BEN SHAHAR nous démontre que, pour qu'une activité professionnelle soit épanouissante et donc moins susceptible de générer du stress, elle doit répondre à trois critères essentiels que j'ai synthétisé sous le sigle « Triple AAA ».

Si vous ressentez du stress professionnel, trouvez vos « Triple A »

Anti Stress Professionnel : premier critère Agréable.

Nous devons apprécier cette activité par elle-même, elle doit nous être agréable.Une activité qui génère du plaisir par elle-même va recharger nos batteries émotionnelles au lieu de les vider comme une activité déplaisante.On sait le rapport direct entre la fatigue émotionnelle et le niveau de stress ressenti.

Deuxième critère permettant de faire baisser le stress professionnel : être adroit.

Il y a des activités dans lesquelles on est naturellement doué, d'autres dans lesquelles on a plus de difficultés.

Par exemple, on peut être plus doué en mathématiques ou en français.Nous avons tous des atouts, des choses dans lesquelles nous sommes adroits et dans lesquelles nous pouvons facilement faire des progrès et devenir très bons.

Ces activités nous apportent donc naturellement de grandes satisfactions et des récompenses.

Si notre profession nécessite d'utiliser des activités dans lesquelles nous sommes naturellement adroits, elle va aussi naturellement faire baisser notre niveau de stress car elle va faire automatiquement augmenter la confiance en soi.

Cherchez à faire ce que vous aimez et savez faire.

Troisième critère anti stress professionnel : l'appel.

Ce critère est certainement celui qui est à la fois le plus important, le plus puissant et le plus négligé pour faire baisser votre stress professionnel.Nous sommes plus ou moins attiré par des aspirations correspondant à des valeurs humaines comme l'écologie, le bien-être l'éducation, la générosité...etc.Parfois cette appel vient d'un vécu douloureux : telle personne qui a perdu un proche à cause d'une maladie voudra devenir médecin, telle autre qui a souffert de la pollution voudra s'installer dans l'agriculture biologique.....Parfois, ce sont simplement des valeurs qui nous sont chères et que nous voulons défendre.

Cela peut-être aussi la participation à une grande œuvre qui constitue cet appel, et le sens que l'on donne à notre activité.

J'aime beaucoup l'histoire des 3 tailleurs de pierre qui travaillent ensemble et font le même travail

Le premier est malheureux, le deuxième est désabusé et le troisième enthousiaste.Quand on leur demande ce qu'ils font, le premier répond qu'il taille des pierres, le second qu'il gagne sa vie et le troisième qu'il construit une cathédrale.Si notre activité professionnelle est elle aussi en accord avec ces valeurs, avec cette aspiration, avec cet appel, alors elle prend un sens qui enthousiasme et a de grandes chances de diminuer fortement le stress professionnel.

Suivez l'Appel de votre coeur !

Comment Avoir le « Triple A » dans votre vie professionnelle ?

Cela peut se faire de 3 façons :

En choisissant une activité professionnelle qui correspond au maximum aux trois critères.

En cherchant dans notre activité professionnelle actuelle des moments qui répondent à un ou plusieurs des critères du « Triple A ».

En modifiant certains aspects de notre activité professionnelle pour quelle comporte plus de moments qui répondent à un ou plusieurs des critères du « Triple A ».

Et vous ? Avez-vous déjà du « Triple A » dans votre vie professionnelle ?

Si non, que pouvez-vous faire dès aujourd'hui pour en mettre un peu plus ?

La gestion du stress en 3 étapes

La gestion du stress en trois étapes !

Voilà un titre bien accrocheur et une promesse bien impertinente !

J'en conviens aisément.....cet article vient seulement répondre à la question que je reçois très régulièrement par mail: "OK ! Je comprends bien tout ce que vous me dites, mais je ne sais pas par où commencer..."

Je dois admettre qu'il m'arrive parfois dans ces moments-là, de me sentir un peu désemparé.

Je vais donc vous proposer aujourd'hui, dans cet article, une méthodologie à suivre pas à pas pour faire des progrès et s'en rendre compte.En effet, si vous ne vous rendez pas compte des progrès que vous avez fait, votre motivation baisse, et vous abandonnez très rapidement, même si les progrès sont là.

La gestion du stress, ça s'apprend !

Les 3 étapes de la gestion du stress:

La première étape consistera donc à observer les faits, à évaluer où on en est, et à définir ce qu'on veut.

La deuxième étape consistera à collecter des solutions.

La troisième et dernière étape consistera à passer à l'action.

Vous pourrez bien évidemment utiliser ces trois étapes, non seulement pour la gestion du stress, mais aussi à votre plus grand profit, dans tous les autres domaines de votre vie.

Commençons donc par la première étape : les faits.

Commencez par évaluer sur une échelle de 1 à 10, votre niveau de stress moyen dans la journée, ainsi que votre niveau de stress minimum et maximum chaque jour.

Évidemment, je vous conseille de noter sur un carnet ces évaluations, afin de pouvoir valider ensuite les progrès réalisés. Vous pouvez aussi écrire les situations, les réactions qui sont symptomatiques de votre niveau de stress.

Ensuite je vous propose de définir ce que vous voulez en décrivant précisément les situations et les réactions telles que vous souhaitez les vivres. Cette étape est cruciale pour diriger votre cerveau dans la direction souhaitée !

Montez les escaliers & marche à la fois !

Passons maintenant à la seconde étape : les solutions.

Vos propres ressources :

Pour trouver des solutions, vous pouvez dans un premier temps rechercher les moments dans votre vie où vous étiez calme, en confiance, tranquille et imperméable au stress.

En vous remémorant ces moments, vous pouvez noter ce qui vous a permis d'être dans cet état, afin de chercher à le reproduire le plus souvent possible dans votre vie actuelle.

Les ressources des autres :

Une deuxième piste que je vous recommande, est de chercher comment font ceux qui arrivent déjà à bien gérer leur stress. C'est le genre d'information que vous trouverez un peu partout dans ce livre ! Je vous encourage donc à le parcourir de fond en comble pour en retirer le maximum d'informations.

Enfin je vous propose la dernière étape : les actions de gestion du stress

Le passage à l'action et le plus important !

Vous pouvez constater et noter votre état actuel, vous pouvez décider ce que vous aimeriez vivre, vous pouvez lire toutes les solutions du monde, absolument rien ne changera dans votre vie tant que vous ne serez pas passés à l'action.

L'action est la meilleur façon de faire des progrès !

Je dis souvent que si voulez que votre vie change, il faut changer des choses dans votre vie !

Je donne souvent l'exemple du vélo: toutes les théories sur le vélo ne vous apprendront jamais à rouler !

Montez sur le vélo et pédalez au lieu de discuter...

Comment passer à l'action facilement ?

Demandez-vous simplement quelle est la toute première étape de la solution que vous avez choisie, et faites-la instantanément.

N'attendez pas demain ! Faites une action maintenant !

Et puis recommencez encore, et encore, et encore...

Notez vos progrès pour augmenter votre motivation !

Ce qui facilite aussi l'action, c'est de l'automatiser.

Quand une action est automatisée, ritualisée, comme le fait de se laver les dents ou de prendre sa douche, ça ne coûte pratiquement aucune énergie pour le faire régulièrement.

Pour faciliter l'automatisation, visualisez la !

Si vous voulez vous créer une nouvelle habitude antistress, comme par exemple de penser à respirer profondément à chaque fois que vous n'avez rien à faire (je vous le conseille), imaginez-vous tous les petits moments où vous n'avez rien à faire et imaginez-vous en train de respirer dans ces moments là.

Comme le font les sportifs de haut niveau, ce travail d'imagination vous facilitera la mise en place de cette nouvelle habitude de gestion du stress.

Agendez vos habitudes de gestion du stress !

Vous pouvez aussi programmer dans votre agenda les moments où vous allez pratiquer ces exercices antistress.

Et grâce à la technologie, on peut même y mettre des alarmes qui nous les rappelleront au bon moment. Enfin revenez à la première étape pour évaluer vos progrès !

Entrez dans la boucle vertueuse de la gestion du stress !

Alors, qu'allez-vous faire maintenant pour commencer ou continuer à gérer votre stress ?

Le plus puissant des anti-stress : l'amour

L'amour, libère des hormones stimulantes, réparatrices qui viennent littéralement booster notre centre du plaisir: Ce sont les endorphines, certainement le plus puissant des anti-stress naturels !

Ces endorphines provoquent une euphorie, qui décuple la confiance en soi.

Elles font aussi baisser la production d'adrénaline et de cortisol, les deux hormones du stress.

L'amour libère des endorphines

C'est d'ailleurs un classique très connu des thérapeutes : la rencontre amoureuse est en général un cas de fin de thérapie....

La plupart des problèmes disparaissent comme neige au soleil sous les feux de l'amour !

Comment rencontrer l'amour ?

Le hasard : pourquoi pas ?

C'est la bonne vieille méthode ancestrale, à laquelle sont encore attachés un certain nombre d'entre nous.

Elle a comme avantage de laisser toute la place à la magie des contes de fées, et au hasard qui fait bien les choses.

Elle a par contre le gros inconvénient de nous limiter à notre cercle habituel de connaissance, duquel nous avons souvent beaucoup de difficultés à nous extraire.

Le hasard peut parfois mettre un certain temps à se décider à nous présenter l'oiseau rare…

On peut aider un peu ce hasard en s'inscrivant à des activités sportives ou culturelles…

Les sorties : ça ouvre un peu plus !

Qui n'a jamais dragué ou été dragué dans les boites, les bars et autres lieux de fêtes propices aux rencontres ?

L'avantage de ces lieux est leur convivialité, et l'éventail beaucoup plus large de possibilités, même si ce n'est pas encore tous les types de personnalités que l'on peut y croiser. La consommation d'alcool peut, en plus, avoir un effet désinhibiteur qui facilite grandement les rencontres pour certains

Par contre l'alcool peut aussi fausser le jugement et vous faire vous retrouver au matin face à une personne qui ne vous convient pas du tout.Autre problème, si vous n'aimez pas ce genre d'ambiance, ou si vous désirez rencontrer une personne qui n'aime pas ce genre d'endroit , cela ne sera pas possible pour vous.

L'amour est le plus puissant des anti-stress naturels

L'outil de rencontre moderne et à la mode : internet !

C'est le mode de rencontre que je conseille régulièrement aux personnes qui viennent me consulter. Il a comme avantage de permettre de rencontrer à peu près toutes les personnalités. Les critères de recherches permettent de cibler les personnes qui ont le plus de chances de nous correspondre.

J'ai autour de moi, plus d'une dizaine de personnes qui se sont connues via ce média.

Je ne compte pas le nombre de personnes que j'ai aidé à retrouver l'amour grâce à internet comme par exemple le site de rencontre parship.

J'ai moi-même rencontré la merveilleuse femme qui partiplie ma vie (le partage qui se multiplie) sur le net.

Et je suis certain, que dans la vie réelle, nous ne nous serions jamais croisé !

Autre avantage non négligeable : l'interface de l'écran permet aux plus timides de se lancer beaucoup plus facilement.

Alors si ce n'est déjà fait, libérez-vous du stress en allant chercher l'amour !

Et si vous explosiez votre joie de vivre ?

Je voudrais vous parler aujourd'hui du rapport entre le stress et la joie de vivre. On se rend bien compte effectivement que quand on est stressé, la joie de vivre baisse.

Cela paraît à peu près normal et que le fait d'être moins stressé va augmenter la joie de vivre.

Mais, il y a quelque chose de très important à comprendre par rapport à la joie de vivre, et que je voudrais approfondir, c'est ce qu'on appelle en Psychologie Positive le ratio de Losada.

Ce ration de Losada est le rapport entre le nombre d'informations positives, de choses agréables, de compliments par rapport au nombre de choses désagréables, pénibles que nous vivons dans nos vies.

Si on dit autant de choses agréables que de choses pénibles, on a un ratio de Losada qui est de 1 , 1/1, c'est-à-dire qu'il y a autant de choses positives sur le dessus du ratio que de choses négatives en dessous.

Si on a plus de choses négatives, mettons qu'on a deux fois plus de choses négatives, donc deux fois plus de stress que de choses positives, à ce moment-là, on a un ratio de Losada qui est de un sur deux : ½ .

Donc on va comme ça pouvoir évaluer dans une journée, dans une semaine, ou sur l'échelle de temps souhaitée le nombre de choses positives avec leur intensité par rapport aux choses négatives et leur intensité. Ce ratio de Losada est directement lié avec le niveau de bien-être, le niveau de joie de vivre. Il est tout aussi significatif pour un individu, une famille, un couple ou toute organisation.

La joie de vivre, ça se cultive aussi !

Le ratio de Losada peut être évalué par exemple dans un couple.

Par rapport au conjoint. si vous envoyez deux fois plus de remarques positives que de remarques négatives, alors vous avez un ratio de Losada de 2. C'est un couple plus harmonieux que si c'est l'inverse.

Et ce ration de Losada est vraiment un indice très puissant, très efficace, et très pertinent pour comprendre l'harmonie des organisations, des personnes et ainsi de suite.

(Il est d'ailleurs beaucoup utilisé en Psychologie Positive)

Ce qui est particulièrement intéressant avec ce ratio de Losada, c'est son rapport avec le niveau de bien-être et de joie de vivre.

Évidemment quand il est négatif, (en dessous de 1), le niveau de bien-être est très bas. Quand on passe de un sur quatre (¼) à un sur deux (½) ou de un sur deux (½) à un (1/1), on a une progression normale rectiligne qui ressemble à une droite.

C'est une progression logique et régulière.

Quand on arrive à un ratio de Losada de deux sur un (2/1), on a encore une progression logique et linéaire.

Quand on arrive un ratio de trois (3/1), donc trois fois plus de choses positives que de choses négatives, on a encore une progression linéaire.

Et là où c'est vraiment intéressant, c'est quand on arrive un petit peu au-delà de trois.

C'est-à-dire quand on est entre le trois (3/1) et le quatre (4/1), aux environs de 3,1 ou 3,2 ou 3,3, il y a un shift ! Il y a brutalement un pic qui monte, une envolée. Donc le niveau de bien-être est à un (1) avec un ratio de Losada de un (1/1).

Si ensuite le niveau de bien-être est à de 1,5 quand on a un ratio de Losada à deux (2/1).

Le niveau de bien être sera à deux quand le ratio de Losada sera à trois 3/1)

Ce qui est déjà vraiment bien !

Mais là ou ça devient vraiment intéressant, c'est quand on arrive à un ratio de Losada au delà de de trois (3/1).

Aux alentours de 3,1 ou 3,2 ou 3,3 va apparaître une poussée du bien-être qui va monter à 8 ou 9.

C'est donc une différence absolument énorme, absolument exceptionnelle !

Et ça, au niveau de la joie de vivre, ça change vraiment !

Ça fait vraiment une très grosse différence !

Mon expérience!

Si je vous en parle, c'est que j'ai eu l'occasion de passer ce shift.

Avant j'avais un niveau de bien-être normal et plutôt agréable avec un ratio de Losada qui devait être aux alentours de un (1:1) ou de deux (2/1). Et ma vie était bien !

J'étais bien, je me sentais bien, ma vie était cool, c'était vraiment sympa.

Ensuite, après avoir compris ce que je suis en train de vous expliquer aujourd'hui, j'ai décidé de faire le test.

J'ai rajouté beaucoup plus d'événements positifs, de bien-être, d'émotions positives, comme la gratitude, de penser à tout ce qui va bien dans ma vie, de noter trois choses agréables par jour, de me concentrer sur des choses qui me font du bien.

Du coup, j'ai augmenté mon ratio de Losada qui a dépassé les trois 3/1).

Et effectivement, j'ai ressenti un matin une différence de joie de vivre, mais qui est vraiment bluffante !

C'est-à-dire que je n'aurais jamais pu penser à un moment, quand on me demandait comment ça va, de dire : « ça va super super bien ! » J'aurais trouvé ça vraiment exagéré !

Mais là vraiment, c'est vraiment ça que je sens !

C'est-à-dire que depuis quelques mois, depuis un bon six mois maintenant, je me sens dans une joie de vivre, un épanouissement, que je ne pensais même pas possible.

C'est vraiment un truc de fou, simplement en faisant passer mon ratio de Losada au-delà de trois.

C'est-à-dire d'avoir plus de trois fois plus de choses positives, plus de trois fois plus d'intensité positive que de choses négatives.

Donc on peut augmenter son ration jusqu'à 4, 5, 6, 7 ou 8 et ça ira très bien.

Mais il semblerait d'après les études de la Psychologie Positive que au-delà de neuf, ça devient moins intéressant.

En même temps, je pense qu'on a tous une sacrée marge avant d'arriver à ce niveau de 9.

Ça rajoute donc encore une bonne raison de plus de gérer son stress, car ça va permettre de faire augmenter le ratio de Losada.

Puisqu'en fait, ce ratio de Losada, dépend évidemment de notre niveau de stress.

À chaque fois qu'on est stressé, on a tendance à augmenter le bas du ratio, donc de faire baisser notre ratio.

Voilà le message que je voulais vous transmettre !

A combien évaluez-vous votre ratio et qu'allez-vous mettre en place pour lui faire dépasser les 3,1 ?

Plus de Confiance en Soi = moins de stress : clé psychophysique N° 1 : La posture

Il existe de très nombreuses définitions du stress. Dans ce mot, on retrouve à la fois la cause et l'effet....

La plupart des définitions du stress ne nous donnent pas de pistes de solutions.

Il existe une définition proposée par l'Agence Européenne pour la Sécurité et la Santé au Travail (AESST) que je trouve particulièrement intéressante, la voici :

« Un état de stress survient lorsqu'il y a déséquilibre entre la perception qu'une personne a des contraintes que lui impose son environnement et la perception qu'elle a de ses propres ressources pour y faire face ».

En clair, si nous avons l'impression d'être en capacité de répondre à la demande qui nous est faite, alors nous avons peu ou pas de stress. Par contre, si nous avons l'impression que ce que nous avons à faire dépasse nos capacités, alors notre stress va grimper en flèche.

Avoir confiance en soi fait baisser le stress

Le mot le plus important dans cette définition est le mot « perception ». C'est la « perception » de la différence entre nos moyens, nos ressources, et la tâche demandée qui va modifier notre niveau de stress.

Ce qui veut dire que si nous arrivons à modifier cette « perception », nous modifierons en même temps notre niveau de stress.

La bonne nouvelle, c'est que nous pouvons changer la perception de nos moyens et de nos ressources.

Nous avons déjà vu dans d'autres articles comme « Comment un stress perturbe les rapports humains ? » plusieurs portes d'entrée pour modifier nos perceptions.

Aujourd'hui, j'ai envie d'attirer votre attention sur la porte d'entrée de la confiance en soi. Le stress est directement proportionnel à la confiance en soi ! Moins nous avons confiance en nous et moins nous avons l'impression d'avoir des solutions, des ressources et des moyens. En même temps, moins nous avons les moyens pour répondre à une tâche, moins nous arrivons à la faire et moins nous avons confiance en nous.

Nous avons donc là un magnifique cercle vicieux qui s'auto-alimente :

moins de confiance = moins de moyens = moins de réussite = moins de confiance.

J'ai déjà listé une bonne douzaine de façons différentes pour avoir encore plus confiance en vous. Je souhaite que cela vous soit réellement utile, j'ai envie de vous donner la possibilité de tester chacune des méthodes que je vais proposer.

Mon expérience m'a montré que si je propose plusieurs choses, la proportion de ceux qui vont les tester baisse. Par contre, si je n'en propose qu'une à la fois, ça donne de meilleurs résultats !

C'est pourquoi chacun des articles ne proposera qu'une seule solution.

Nous balayerons au cours de ces articles les différents moyens, et les différentes portes d'entrée pour améliorer cette confiance en soi.

Nous alternerons les pratiques entre la porte physique et physiologique, la porte émotionnelle, et la porte mentale.

Première porte pour gagner en confiance en soi, le physique :

Clé psychophysique N° 1 : la posture

La posture trahit notre état émotionnel :

Notre physiologie et notre physique montrent en permanence notre état émotionnel.

Nous en avons la preuve tous les jours, c'est ce qui nous permet de savoir l'humeur des gens qui nous entourent avant même qu'ils aient prononcé le moindre mot.

Comment se tient une personne qui n'a pas confiance en elle ? Elle a en général la tête plutôt basse, les épaules en avant, et la poitrine rentrée.

Comment se tient une personne qui a confiance en elle ?

Elle a plutôt la tête haute (comme l'expression populaire), plutôt les épaules en arrière et la poitrine légèrement sortie. Faites comme si ! Et la confiance en soi augmentera ! J'attire votre attention sur la position de la poitrine, car elle trahit souvent la véritable confiance en soi.

Quand elle est rentrée, même légèrement, elle montre un manque de confiance en soi, même si la personne essaye de donner le change par ailleurs. Quand elle est trop sortie, trop bombée en avant, elle montre un manque de confiance en soi qui cherche à se masquer en sur-jouant l'attitude de la confiance en soi. La juste mesure est entre les deux, ni trop rentrée ni trop sortie. La différence entre le trop et le trop peu se joue en 2 ou 3 cm au niveau du sternum.

La posture modifie l'état émotionnel :

Ce que nous savons moins, c'est que dans l'autre sens, notre posture influence aussi notre émotionnel.

Pour en faire la preuve je vous propose cette petite expérience :

Premier test : serrez les poings, contractez les bras, serrez les mâchoires, faites le dos rond, et cherchez à ressentir de la colère.

Vous avez vraisemblablement réussi à ressentir un petit peu de colère.

Deuxième test : levez le menton, écartez les bras, ouvrez grand les mains, écarquillez les yeux, faites un grand sourire bête, et cherchez à ressentir de la colère.

Vous avez vraisemblablement eu beaucoup plus de mal à ressentir de la colère dans cette position.

La posture de la confiance en soi fera baisser votre stress

Pratique de la posture de confiance en soi !

Voici donc ce que je vous propose de faire maintenant :

Redressez-vous, le dos droit.

Redressez la tête pour avoir le menton à l'horizontale

Bombez légèrement la poitrine, comme si un fil d'argent vous tirait vers l'avant et vers le haut depuis le milieu du sternum.

Respirez profondément par le ventre.

Observez comment vous vous sentez instantanément plus fort, plus confiant, plus énergisé.

Gardez cette posture le plus longtemps possible en continuant vos occupations.

Pour en obtenir le maximum de bénéfices, je vous conseille de pratiquer cet exercice le plus souvent possible et au moins trois fois par jour pendant 5 minutes.

Plus de Confiance en Soi pour être Moins Stressé : clé N° 2 :

Dites merci !

Nous avons vu dans l'article « Plus de Confiance en Soi = moins de stress : clé psychophysique N° 1 : La posture » que nous sommes d'autant plus stressés que nous avons moins confiance en nous.

Stress et confiance en soi

Moins nous avons confiance en nous et moins nous avons l'impression d'avoir les moyens de répondre aux challenges et aux difficultés de la vie.De ce fait , comme nous pensons que nous ne pouvons pas trouver de solutions, nous n'en trouvons réellement pas. Comme nous ne trouvons pas de solutions, cela fait baisser notre estime de nous-même et notre confiance en soi.Ce qui fait encore baisser notre sentiment de pouvoir résoudre nos difficultés... Nous avons donc là un beau cercle vicieux !

Dans le premier article cité plus haut nous avons vu comment changer notre posture pour augmenter cette confiance en soi.

Aujourd'hui, je vous propose une deuxième clé psychophysique : générer un sentiment de gratitude en disant « Merci » !

Plus la confiance en soi s'alourdit, plus le stress s'allège

Dire « Merci » augmente la confiance en soi

Que se passe-t-il dans notre physiologie et notre mental quand nous disons merci ?

Notre cerveau enregistre une pensée et un sentiment d'abondance à chaque fois que nous nous sentons reconnaissant. C'est comme un trop plein qui se déverse en dehors de nous à chaque fois que nous ressentons de la gratitude. La gratitude est reconnue comme étant l'émotion la plus bénéfique en terme de santé, de bonheur et de confiance en soi...

Comment éprouver de la gratitude ?

Vous pouvez commencer par noter toutes vos richesses ! Je vous vois d'ici lever un sourcil d'étonnement : quelles richesses ?

Alors permettez moi de vous poser une question choquante : si un ultra-milliardaire fou venait vous voir et vous proposait de vous acheter un de vos yeux.Pas les 2, juste 1 oeil, pour quelle somme d'argent seriez-vous prêt à le lui vendre ?

Pour la plupart des gens auxquels on pose cette question, aucune somme d'argent n'est suffisante. Et vous avez deux yeux, vous avez donc un bien plus précieux que la plus grande fortune. On pourrait continuer avec chacun de vos doigts, votre nez, vos bras, vos jambes...etc.

De la même façon, si vous êtes en bonne santé seriez-vous prêt à échanger votre place avec celle d'un multi-milliardaire malade en fin de vie ? Je suppose que vous faites partie de cette immense majorité qui choisirait la santé ! Alors vous pouvez vous réjouir de toutes ces richesses que vous possédez.

Même si elle ne sont pas financières et ne vont pas payer votre loyer, vous pouvez être reconnaissant, à la vie, à l'univers, ou à Dieu selon, vos croyances, de bénéficier de la chance de posséder de profiter et d'avoir la jouissance de toutes ces merveilles.

Remercier augmente la confiance en soi et fait baisser le stress

On attend souvent d'en être privé pour en prendre conscience : j'ai eu la main gauche écrasée et fracassée à l'âge de 24 ans. Les 5 os de mon métacarpe étaient brisés en bois vert.

La probabilité pour que je retrouve la fonctionnement de ma main étaient pratiquement nulle. J'ai pendant quelques semaines mesuré la difficulté de faire des choses aussi simples que lacer ses chaussures ou boutonner une chemise avec une seule main.

Je ne m'étais jamais rendu compte de cela avant cet accident. Et je me souviens avoir pleuré de joie et de reconnaissance la première fois que j'ai réussi de nouveau à prendre et à soulever une simple feuille de papier.

Cela peut paraitre bête, mais j'ai pris conscience à ce moment là de la chance que j'avais d'avoir mes deux mains. J'éprouve aussi le même sentiment chaque fois que je rencontre une personne souffrant d'un handicap quel qu'il soit.

Un truc imparable pour arriver à prendre conscience de notre chance:

Voici une expérience que je vous propose de faire régulièrement pour vous aider à conscientiser votre chance : il vous suffit pour cela de vous priver volontairement et temporairement d'un (ou de plusieurs) de vos moyens.

Privez-vous volontairement pour être plus en gratitude et moins en stress ...!

Par exemple vous pouvez décider de passer une heure en faisant tout ce que vous avez à faire, mais avec un bandeau sur les yeux ou avec un bras (ou les 2) attaché dans le dos.

Si vous osez faire le test, vous allez très vite vous rendre compte des difficultés que cela vous posera et vous serez très content et soulagé de pouvoir vous débarrasser de cette difficulté.

Alors voici ce que je vous demande de faire maintenant :

Faites volontairement en vrai ou en imaginaire cette expérience de vous priver d'une partie de vos facultés pendant quelques minutes.

Remarquez vos prises de conscience en faisant cela...et notez un message de remerciement pour toutes ces merveilles dont vous disposez !

Plus de Confiance en Soi pour être Moins Stressé : clé psychophysique n° 3 : Vous êtes exceptionnel !

Nous avons vu dans l'article « Plus de Confiance en Soi = moins de stress : clé psychophysique N° 1 : La posture » que nous sommes d'autant plus stressé que nous avons moins confiance en nous, et comment changer de posture permettait de d'améliorer la confiance en soi.

Dans l'article Plus de confiance ne soi pour être moins stressé : clé n° 2 : Dites Merci ! nous avons vu qu'exprimer de la gratitude augmentait encore la confiance en soi.

Dans cet article vous allez prendre conscience que vous êtes absolument exceptionnel !

Vous êtes un gagnant parmi des millions....

Vous avez gagné la course !

Comme le dit très justement Jean-Jacques Goldman dans sa chanson « Bonne Idée » :

« Nous avons tous été vainqueurs

Même le dernier des derniers

Une fois au moins les meilleurs, nous qui sommes nés ! »

Et oui, vous, comme moi sommes le résultat du vainqueur d'une course avec plusieurs millions de postulants...Parmi les centaines de milliards de spermatozoïdes de votre père, et les centaines d'ovules de votre mère, une seule combinaison pouvait donner l'être que vous êtes. On pourrait donc dire que l'univers a conspiré à votre existence.

Vous êtes unique !

Même un clone ne serait pas vraiment vous !

Un objet est souvent considéré comme précieux en raison de sa rareté. Eh bien, j'ai une bonne nouvelle : vous êtes le seul et unique exemplaire de vous-même de toute l'histoire de l'humanité. Il n'a jamais existé, et il n'existera jamais d'autres vous-même ! Cela fait de vous quelqu'un d'infiniment précieux. Vous êtes exceptionnel ! Vous êtes aussi la seule personne à avoir vécu ce que vous avez vécu.

Vous avez une expérience exceptionnelle de la vie que personne d'autre que vous ne peut avoir.

Vous êtes exceptionnel !

Votre voix, votre façon de vous exprimer et ce que vous avez à dire sont de purs originaux, qui n'ont aucun équivalent.

Ma question antistress de confiance en vous.

Qu'allez-vous faire de ce talent unique ?

Comment allez-vous l'offrir au monde ?

Plus de Confiance en Soi pour être Moins Stressé : clé psychophysique n° 4 : Soyez optimiste !

Les optimistes ont la sensation de mieux maitriser leur vie, ils réussissent mieux et plus vite que les optimistes, ils sont en meilleure santé, ils ont surtout nettement plus confiance en eux et sont donc sensiblement moins stressés.

Plus vous serez optimistes et moins vous serez stressés !

Mais peut-on cultivez cet optimisme ?

Comment gagner en optimisme pour avoir plus confiance en soi et être moins stressé, c'est ce que nous allons voir dans cet article...

Episodes précédents

Nous avons vu dans l'article « Plus de Confiance en Soi = moins de stress : clé psychophysique N° 1 : La posture » que nous sommes d'autant plus stressé que nous avons moins confiance en nous, et comment changer de posture permettait d'améliorer la confiance en soi.

Dans l'article « Plus de confiance en soi pour être moins stressé : clé n° 2 : Dites Merci ! » Nous avons vu qu'exprimer de la gratitude augmentait encore la confiance en soi.

Enfin dans l'article : « Plus de Confiance en Soi pour être Moins Stressé : clé psychophysique n° 3 : Vous êtes exceptionnel ! » Nous avons expérimenté l'augmentation de la confiance en soi par la prise de conscience de notre unicité. Voyons maintenant comment être moins stressé et plus en confiance en gagnant en optimisme.

Voyez-vous le verre à moitié plein ou à moitié vide ?

Quelle différence y-a-t-il entre un optimiste et un pessimiste ?

L'une des différences les plus frappantes entre les optimistes et les pessimistes est leur façon d'interpréter le monde. Pour les choses agréables, les optimistes vont estimer qu'elles sont longues, universelles, et qu'ils en sont responsables.

Les pessimistes par contre vont estimer qu'elles sont courtes, uniques, et qu'ils n'en sont pas responsables.

Pour les choses désagréables, les optimistes vont croire qu'elles sont courtes, uniques, et qu'ils n'en sont pas responsables. Les pessimistes par contre vont croire qu'elles sont longues, universelles, et qu'ils en sont responsables.

Les trois critères : D U R : D comme Durée, U comme Universalité ou Unicité, R comme Responsabilité.

Commençons par le premier critère : la durée.

Pour les événements agréables, les optimistes vont croire qu'ils vont durer longtemps, alors que les pessimistes vont penser qu'ils vont être courts.À la réussite d'un examen, un optimiste pourra dire par exemple : « Je réussis toujours mes examens ». Par contre, un discours pessimiste minimisera la durée en disant par exemple : « Ce jour-là j'ai réussi mon examen ».Nous aurons exactement les critères inverses pour des événements désagréables.Face à un accident, l'optimiste dira par exemple : « Je n'ai pas eu de chance à ce moment-là ». De son côté le pessimiste dans la même situation pourra dire : « Il m'arrive sans arrêt des galères ».Les explications peuvent être aussi vraies les unes que les autres.Mais certaines explications vont donner plus d'énergie ou limiter la perte d'énergie, alors que les autres vont être limitantes et faire baisser la confiance en soi.

Faites durer le plaisir !

Passons maintenant au second critère : l'Universalité ou l'Unicité.

Face aux événements agréables, les optimistes vont les expliquer de façon universelle, alors que les pessimistes vont trouver des explications qui vont rendre uniques ces événements. Évidemment, ce sera exactement l'inverse face aux événements désagréables.Par exemple, si nous reprenons la réussite aux examens, l'optimiste pourrait dire par exemple : « Je réussis tout ce que j'entreprends ».Le pessimiste dira plutôt : « J'ai réussi dans cette matière ».Si nous reprenons à l'inverse l'exemple de l'accident, une phrase optimiste sera : « J'ai eu un concours de circonstances malheureuses ». Une explication pessimiste sera alors : « Je suis toujours au mauvais moment au mauvais endroit ».

Intéressons-nous pour finir au dernier critère : la Responsabilité.

Ce critère est un peu plus sujet à controverse que les deux autres car il peut provoquer des dérives.

Intéressons-nous d'abord aux événements agréables. L'optimiste aura tendance à s'en attribuer le mérite, alors que le pessimiste aura tendance à en attribuer la responsabilité aux autres.

Par exemple, toujours à propos d'une réussite aux examens, un optimiste pourra dire : « J'ai bien travaillé. », alors qu'un pessimiste pourra dire : « Les questions étaient faciles ».

Et ces explications vont avoir un impact énorme sur la confiance en soi, donc sur le niveau de stress.

Prenez la responsabilité de votre bonheur

Voyons maintenant les explications face aux événements désagréables.

Ce dernier critère est à double tranchant.

En effet, face à un événement désagréable les optimistes vont avoir tendance à en rejeter la responsabilité sur les autres, alors que les pessimistes vont s'en attribuer la responsabilité.

Par exemple, toujours dans le cas de l'accident que nous avons utilisé précédemment, les optimistes diront plus facilement : « C'est la faute de l'autre conducteur ». Inversement, les pessimistes diront plutôt : « J'ai manqué d'attention ».

Mais, me direz-vous, c'est trop facile de rejeter la responsabilité sur les autres !Je suis d'accord avec vous et c'est pourquoi je vous disais un peu plus haut que ce critère est à double tranchant : le fait de rejeter la responsabilité sur les autres peut nous empêcher de nous remettre en question et limiter notre capacité à évoluer.

Pour aller plus loin, vous pouvez consulter cet excellent livre de Martin Seligman :

Phrases types des optimistes et des pessimistes.

Face aux événements agréables, la phrase typique des optimistes sera : « Je suis génial, je suis un boss… Etc. »

Nous voyons parfaitement que dans cette phrase, la durée n'est pas limitée dans le temps, c'est un critère universel et non défini, et la personne s'en attribue le mérite.

Inversement, face aux événements désagréables, la phrase typique des pessimistes sera : « Je suis nul, je suis un incapable… Etc. »Encore une fois, nous voyons que cette phrase n'a pas de limite de durée, est universelle, et la personne s'en attribue la faute.

Je suis génial !

Exercice pratique

Je vous propose maintenant de noter pour vous-même les phrases que vous utilisez quand il vous arrive des événements agréables, et quand il vous arrive des événements désagréables.

Écrivez-en une dizaine de chaque.

Puis analyser les, en termes de durée, d'unicité, et de responsabilité.Vous pourrez alors vous rendre compte de votre niveau d'optimisme.Je vous propose ensuite de modifier vos explications les plus pessimistes et d'en changer un ou plusieurs critères pour les rendre plus optimistes.Puis répétez les différentes versions mentalement ou à haute voix pour essayer d'en ressentir la différence d'impact sur vous-même.

C'est une excellente façon de vous affirmer et de gagner en confiance en vous, et de faire baisser votre stress.

Plus de Confiance en Soi pour être Moins Stressé : clé psychophysique n° 5 : Soyez Généreux !

Le don est une action qui nourrit plus celui qui donne que celui qui reçoit.La plupart des religions, mais aussi des philosophies humanistes ont prôné le don et la générosité.

Est-ce par pur altruisme, ou la générosité apporte-t-elle sa propre récompense intrinsèque ? Pour augmenter la confiance en soi, soyez généreux

Etre généreux augmente la confiance en soi !

Une expérience étonnante a été faite plusieurs fois par les chercheurs en Psychologie Positive.

On a donné à des cobayes une somme de 20 euros ou 20 dollars selon les pays, et on les a divisé en 2 groupes.

A un des groupes, il est demandé d'utiliser cet argent pour s'acheter quelque chose qui leur ferait plaisir. Au deuxième groupe, il est demandé d'utiliser cet argent pour offrir quelque chose à des inconnus.

Quel a été le résultat de l'expérience « Générosité » ?

Les participants du groupe qui a utilisé l'argent pour faire plaisir aux autres ressortent de l'expérience beaucoup plus satisfaits que ceux de l'autre groupe. De plus, les chercheurs ont constaté un effet additionnel, auquel les chercheurs ne s'attendaient pas :une augmentation massive de la confiance en soi.

Etre généreux booste la confiance en soi !

Comment la générosité augmente la confiance en soi ?

Les chercheurs ont défini trois facteurs qui permettent d'expliquer ce phénomène.

D'abord, en donnant, les personnes reçoivent des remerciements et perçoivent la joie qu'ils donnent. Ils augmentent ainsi leur estime d'eux-même.

Ensuite, il semblerait que le fait de donner donne la sensation d'avoir en abondance, d'être rempli, ce qui augmente la confiance en soi.

Et enfin, le fait d'aller vers autrui en offrant et non en quémandant donne une sensation de pouvoir qui booste, elle aussi la confiance.

C'est pourquoi il est si bénéfique de donner à des œuvres et de contribuer socialement.

Et vous, avez-vous déjà expérimenté la puissance de la générosité ?

L'Anti-Stress Absolu : le Bonheur

La façon la plus simple de ne pas stresser ou de faire baisser son stress est d'être heureux, d'être dans le bonheur.

Mais qu'est-ce que le bonheur ?

J'aime beaucoup cette définition du bonheur parce qu'elle nous amène directement des idées de solutions : le bonheur, c'est d'avoir des pensées agréables, la plupart du temps !

Cette définition du bonheur, nous montre bien qu'il n'y pas besoin de causes extérieures pour être heureux (même si cela peut y contribuer).

La seule maitrise de nos pensées est suffisante pour être heureux. Vous allez me demander comment justement diriger notre pensée sur des choses agréables la plupart du temps.

Je vais vous répondre plus bas mais voyons d'abord, en quoi le bonheur est un anti-stress naturel.

Bonheur = Zéro stress !

Pourquoi le bonheur est un excellent anti-stress naturel ?

Quand nous ressentons du bonheur, nous libérons un certain nombre de neuro-transmetteurs spécifiques. Ces neuro-transmetteurs ont plusieurs actions sur notre mental et notre physique dont une qui nous intéresse particulièrement aujourd'hui : la baisse du niveau de cortisol.

Cette hormone, communément appelée l'hormone du stress, nous maintient dans un état d'excitation et de vigilance qui nous rend plus sensible et plus réactifs aux agents stressants.

En baissant notre niveau de cortisol, le bonheur nous rend donc naturellement et automatiquement plus résistants et impassibles face aux situations stressantes.

Le bonheur est un anti-stress naturel !

Comment avoir des pensées agréables ? Pour avoir des pensées agréables, génératrices de bonheur et anti-stress, je vous propose trois stratégies :

La puissance des questions

La meilleur manière de prendre le contrôle de notre cerveau (et de celui des autres) est souvent de lui poser des questions. Mais si on veut cultiver notre bonheur il est des questions à bannir absolument.

Les questions toxiques ! (Stressantes)

Les questions à éviter le plus possible si on veut rester heureux commencent en général par « Pourquoi » et continuent par un problème. Ex : « Pourquoi, il m'arrive toujours ce problème ?

Pourquoi je n'ai jamais de chance ? Pourquoi, ça m'arrive à moi ?…etc. »

Ces questions vont avoir un effet négatif sur notre physiologie et augmenter notre niveau de cortisol. Il n'y a qu'à écouter le discours des personnes dépressives pour se rendre compte que la plupart de leurs pensées sont composées de questions toxiques… Mais alors quelles sont les questions à se poser ?

Les questions bénéfiques ! (augmentent le bonheur)

Les questions qui vont faire naturellement baisser notre taux de cortisol commencent en général par « Comment » Ou « Qu'est-ce-que » et continuent par une solution ou une chose agréable.

Ex : « Comment me sentir bien facilement et naturellement ?Qu'est-ce qui se passe de bien dans ma vie ?

Qu'est-ce que j'aime ?…etc. »

Faites le test et posez vous alternativement des questions bénéfiques et toxiques. Écoutez alors la réaction de votre corps… Vous avez directement la preuve de ce que je vous dis.

Le bonheur des vieux souvenirs est anti-stress

La banque des souvenirs agréables, notre réservoir de bonheur ! Une deuxième façon de générer des pensées agréables est d'aller piocher dans notre banque de souvenirs les plus agréables….. nous en avons tous. Sauf pathologie grave, même les grands dépressifs peuvent retrouver (en cherchant un peu) des souvenirs agréables et générateurs de bien-être.

La liberté du rêve, du bonheur à créer !

Une troisième et dernière façon de générer du bonheur que je vous propose pour avoir une action anti-stress est d'utiliser votre imaginaire, votre capacité à rêver. Vous pouvez en effet tout à loisir imaginer un avenir rayonnant, ou vous inventer le héros d'une aventure, ou quoi que ce soit d'autre.

Les rêves de bonheur nous font baisser le stress !

Notre imagination nous permet de tout faire, tout réaliser et tout vivre !C'est d'ailleurs ce que nous faisons en lisant un roman ou en regardant en film ……à la différence près que nous sommes dans l'imaginaire de l'auteur ou du scénariste, au lieu d'être nous-mêmes les auteurs, scénaristes et metteurs en scène de nos rêves. Et vous, comment les pensées agréables font elles baisser votre stress ?

Y parvenez-vous facilement ?

Table des matières

LUC   **GEIGER**
EN QUELQUES CLICS.... 5
Comment je suis passé de grand timide hyper stressé à un formateur libéré du stress, capable de répondre à des interviews télé ?..6
Sans lui, je ne serais peut-être plus là aujourd'hui : Christian Godefroy 12

EFFETS DU STRESS SOUS L'OEIL DE LA SCIENCE 15
Gérez votre stress maintenant... demain, il sera (peut-être) trop tard !..16
Médicaments anti-stress : les français sont les champions ... de la consommation de psychotropes légaux! 18
Nous sommes 24 % plus stressé qu'il y a 25 ans 19
Le stress tue, même le léger stress 20
Stress au travail = infarctus : c'est prouvé 21
Les enfants maltraités auront plus de difficultés à gérer leur stress à l'âge adulte....................................23
Votre stress d'aujourd'hui détermine votre santé dans 10 ans 25
Un stress chronique dissout le cerveau 26
Une source de stress peu reconnue : le manque de sommeil28
Le stress impliqué dans la maladie d'Alzheimer 29
Stress : perdre de l'argent rend sourd 30
Une source de stress méconnue : l'alimentation 32

LES SOLUTIONS VALIDEES PAR LA SCIENCE......................34

STRESS ET POSTURE, DES RÉSULTATS STUPÉFIANTS 35
POURQUOI LE SPORT EST LE MEILLEUR ANTI-STRESS ? 37
POUR NE PAS STRESSER, SOURIEZ … VRAIMENT ! ! SOURIEZ POUR DE VRAI, CELA SOULAGERA VOTRE STRESS ! 39
L'EFFET PLACEBO FONCTIONNE AUSSI SANS LA CONSCIENCE, IDEM POUR UN STRESS 41
QU'EST-CE QUI CALME LE STRESS ET STOPPE LA DÉPRESSION DES FEMMES ?..43
ET SI LE STRESS ÉTAIT BON POUR LA SANTÉ ?..........................45
ON A COMPRIS COMMENT LA SOPHROLOGIE RÉDUIT LE STRESS.....47
LA MÉDITATION FAIT BAISSER L'HORMONE DU STRESS : LE CORTISOL 48

MIEUX COMPRENDRE VOTRE ENNEMI INTIME : LE STRESS51

NOUS SOMMES STRESSÉS DES « PANARIS ÉMOTIONNELS » 52
COMMENT NE PAS STRESSER ? 55
L'ENJEU NOUS STRESSE 58
COMMENT DEVENIR UN PERFECTIONNISTE STRESSÉ ? 59
DÉPRESSION : LES QUESTIONS TOXIQUES, COMMENT LES ÉVITER ?61
UN STRESS PEUT EN CACHER UN AUTRE ! 64
VOUS ÊTES STRESSÉ PARCE QUE VOUS Y CROYEZ 66
NOUS SOMMES TOUS ACCRO À NOS ÉMOTIONS : LE STRESS EST UNE DROGUE !..69

COMMENT UN STRESS PERTURBE LES RAPPORTS HUMAINS 71
LES PETITS STRESS SONT LES PLUS CORROSIFS ! 91
LE STRESS EST UN CHOIX, C'EST VOTRE CHOIX À CHAQUE INSTANT 83
STRESSÉS, ARRÊTEZ D'ESPÉRER PASSER AU TRAVERS DES MURS ! 86
POUR ME DÉSTRESSER, JE FUME UNE CIGARETTE, ERREUR ! 87
POUR NE PAS VOUS FAIRE COULER PAR LE STRESS, UTILISEZ LA TECHNIQUE DES PAQUEBOTS 89
INSTALLEZ-VOUS UN SIGNAL D'ALARME ANTI-STRESS 91

CES PETITS TRUCS QUI FONT LES GRANDS RESULTATS ..93

COMMENT TRANSFORMER VOTRE VIE AVEC CE BLOG ANTI-STRESS ?94
LES 7 FREINS PRINCIPAUX QUI VOUS EMPÊCHENT DE COMBATTRE LE STRESS..96
POUR NE SURTOUT RIEN CHANGER, VOUS POUVEZ INVOQUER LES 7 EXCUSES SUIVANTES :..96
QUI NOURRISSEZ-VOUS, MISTER STRESS OU MISTER ZEN ? 102
FACE AU STRESS, À QUEL MOMENT DEVEZ-VOUS PASSER À L'ACTION ?..........................104
COMMENT DIVISER SON STRESS PAR 2 EN MOINS DE 3 SEMAINES ?..107
STOPPEZ INSTANTANÉMENT VOTRE MENTAL STRESSÉ, POUR REPARTIR SANS STRESS..112
COMMENT NE PAS STRESSER ? FAITES LA CHAUSSETTE ! 114
UN ANTI-STRESS PEU CONNU, FAITES LE MÉNAGE ! 116
GAME OF THRONES : 7 CONSEILS AU ROI JOFFREY POUR AMÉLIORER SA PRISE DE DÉCISION : 118
GÉRER SON STRESS PAR LE PET 121
COMMENT GÉRER LE STRESS DE FAÇON ATYPIQUE, DRÔLE, VOIRE DÉLIRANTE ?..123

MES SOLUTIONS POUR REPRENDRE LE CONTROLE........126

STRESS OU DISCIPLINE : LE PRIX DE LA LIBERTÉ 127
OBJECTIF : + 1% 128
UN PRINCIPE ANTI-STRESS : L'ACTION IMMÉDIATE ! 129
LA RESPIRATION EST VOTRE GARANTIE DE VIVRE EN FORME ET EN BONNE SANTÉ...131
LE MEILLEUR ANTISTRESS NATUREL : LA RESPIRATION 133
LE MEILLEUR CONSEIL EN MATIÈRE DE GESTION DU STRESS : CHANGEZ DE POSTURE 136
AVEZ-VOUS NOURRI VOTRE CORPS HIER ? ET AUJOURD'HUI ? ET VOTRE CERVEAU ? 141
POUR VOUS DÉSTRESSER, SORTEZ DEHORS : 5 TRUCS DE BIEN-ÊTRE !...144
SANS STRESS ET PERFORMANT, AU COEUR DE LA COHÉRENCE CARDIAQUE 146
3 HABITUDES ANTI-STRESS INDISPENSABLES POUR ÊTRE ZEN AU QUOTIDIEN : LES 3 G 148
STRESS PROFESSIONNEL : TROUVEZ VOTRE « TRIPLE AAA » 151
LA GESTION DU STRESS EN 3 ÉTAPES 154
LE PLUS PUISSANT DES ANTI-STRESS : L'AMOUR 157
ET SI VOUS EXPLOSIEZ VOTRE JOIE DE VIVRE ? 159
PLUS DE CONFIANCE EN SOI = MOINS DE STRESS : CLÉ PSYCHOPHYSIQUE N° 1 : LA POSTURE 162
PLUS DE CONFIANCE EN SOI POUR ÊTRE MOINS STRESSÉ : CLÉ N° 2 : 165
DITES MERCI ! 165
PLUS DE CONFIANCE EN SOI POUR ÊTRE MOINS STRESSÉ : CLÉ PSYCHOPHYSIQUE N° 3 : VOUS ÊTES EXCEPTIONNEL ! 168
PLUS DE CONFIANCE EN SOI POUR ÊTRE MOINS STRESSÉ : CLÉ PSYCHOPHYSIQUE N° 4 : SOYEZ OPTIMISTE ! 170
PLUS DE CONFIANCE EN SOI POUR ÊTRE MOINS STRESSÉ : CLÉ PSYCHOPHYSIQUE N° 5 : SOYEZ GÉNÉREUX ! 174
L'ANTI-STRESS ABSOLU : LE BONHEUR 175

Lightning Source UK Ltd.
Milton Keynes UK
UKOW06f2334210316

270629UK00011B/562/P